腸開運

愛新覚羅ゆうはん

はじめに

「腸開運」

――この言葉から、どんなことを思い浮かべられたでしょうか？

あまり一緒に語られることのない「腸」と「開運」、その関係を不思議に思われたかもしれませんね。

「腸」には、消化器官にとどまらない、すごい能力があることが解明されつつあります。

全身の免疫《めんえき》を司《つかさど》っていることや、「第二の脳」ともいわれ自分で考える力があることなどもわかってきました。

そして実は、**あなたを開運に導くカギも、腸が握っていたのです。**

私は風水をベースに「開運」について長年研究し、**15年で2万人以上の方にアドバイス**をしてきました。

そのなかで気づいたのが、悩みを抱えて相談に訪れる方は、下痢しやすかったり、便秘が長く続いていたりと、**お腹のトラブルを抱えている方が多い**ことです。

腸は、風水の五行思想《ごぎょうしそう》になぞらえると「土《ど》」と連動します。

「土」は生命の土台であり、ここが汚れていては花を咲かすことも、実をならすこともできません。そこで、食事と心と両面から腸を整えるアドバイスをしたところ……驚くほど、一気に運が開ける方が続出したのです。

売り上げが上がったり、パートナーシップがうまくいくようになったり、転職がうまくいったり……。さらに、「ストレスなく、自分らしく生きられるようになり、幸せと感じることが増えました」とみんな口をそろえるのです。

一見、腸とは関係がないように見えるこれらの変化ですが、腸を整えれば開運するのは、**むしろ当たり前のこと**でした。

風水では家の中心を**「太極《たいきょく》」**といい、ここを整えると家全体の運気アップにつながるため重視されています。人体の「太極」にあたる腸は、まさに**人体最大のパワースポット**といえるでしょう。

腸が輝く開運習慣とともに、健康面からも正しい情報をお伝えします。ドクターの監修を受け、健康で美しい腸をつくる具体的な生活習慣もご紹介します。

「腸開運」メソッドは、「超開運」メソッド。

一生使えるのにとてもカンタン、誰でもすぐにできるものばかりです。もし、今あなたがワクワクしているなら、きっとそれは腸が喜び、活性化している証拠！　どうぞ楽しみながら、「腸&超」開運生活をスタートしてくださいね。

もくじ

はじめに 002

第1章
運命のパワースポット
「腸」を整えれば人生は劇的によくなる

なぜ、腸が整うだけで愛されるのか？ 012
お金も「よい腸を持つ人」が大好き！ 015
望む現実をラクに引き寄せられるかどうかも腸にかかっている 017
人生を充実させてくれる2つの幸せ物質って？ 020
なぜ、腸がよいと最速で目標を達成できるのか？ 023
あなたは、自分の本当の願いを知っていますか？ 024
えっ、妊娠も!? ―― 考えてみれば納得の意外な効果 027

「運の免疫力」アップで誰でも何歳でも腸開運できる 029
私の「腸開運人生」 031
誰にでもやってくる「35歳すぎの大ピンチ」をどう乗り越える？ 033
風水的に「腸は人体最大のパワースポット」 036
中国の帝王学で「風水」と「健康」が超重要視されたワケ 039
コラム 占いと医療の密接な関係 042

第2章
意識改革で腸開運！ 開運体質に変わる心の習慣11

「心の持ちよう」と腸の深い深い関係 046
ネガティブだって大丈夫！「中庸」が開運のカギ 048
開運体質に変わる 心の習慣 1 「皆から好かれなくてもいい、と考える」 057
開運体質に変わる 心の習慣 2 「自分に合ったストレス発散法を見つける」 060
開運体質に変わる 心の習慣 3 「感情の循環を心がける」 064

開運体質に変わる 心の習慣4 「直感力を磨き、大切にしよう」 067
開運体質に変わる 心の習慣5 「決断、行動を早くしよう」 071
開運体質に変わる 心の習慣6 「鈍感力を身につけよう」 074
開運体質に変わる 心の習慣7 「人の話をよく聞く」 077
開運体質に変わる 心の習慣8 「腹式呼吸、瞑想を取り入れよう」 082
開運体質に変わる 心の習慣9 「1日1回のリラックスタイム、自分の時間をつくろう」 086
開運体質に変わる 心の習慣10 「思いっ切り、泣いたり、笑ったりする」 090
開運体質に変わる 心の習慣11 「快楽を罪と思わずに楽しむ」 092

第3章

「効率のいい開運」のために、自分を深く知る！陰陽五行体質チェック

いい未来を引き寄せるには「選択の法則」がある！ 098
自分を深く知ろう 103
世界の「成り立ちの秘密」を教えてくれる陰陽五行思想とは 107

万物の「バランス」はどう決まっているのか　109
身近な中華料理に秘められた「健康の極意」とは？　112
陰陽別体質チェックをして自分の体質を知ろう　117
五行別体質チェック　120
コラム　ローフードやスーパーフードは、陰・陽どちら？　126

第4章
食べ物が人生を変える！　腸開運パワーフード

腸開運パワーフードでいいことが立て続けに起きる　130
白湯／ココア／チョコレート／りんご／さつまいも／きのこ類／豆類／ナッツ類／ドライフルーツ／パクチー／大根／にんにく／サバ／良質なオイル類／卵／海藻類／宮入菌／オリゴ糖／薔薇
コラム　中国人はどうやって酵素をとっている？　169

第5章
ドクターに聞く！　腸の疑問Q&A
誰にも聞けない腸の疑問を解決しておこう　172
コラム　腸開運に効く！　粗塩入りデトックス浴のすすめ　184

第6章
最後の仕上げ！　ファッションと住居の「ひと工夫」で超開運がやってくる
衣服・ファッションで腸開運　186
赤い服、アイテムは生命力アップにつながる　190
冷えは開運の大敵　192
はらまきは意外な腸開運アイテム　194
お腹を締めつけると運気も滞る　196
衣食住の「住」で腸開運　197

家の中心「太極」を整える 198
「北」のお部屋を整える 201
寝る部屋を整える 203
トイレやバスルームなどの水場は健康運と連動する 206
土を住まいに取り入れよう 207
黄色や茶色のカラーや素材を取り入れよう 209

第7章 プラスアルファを求めるなら腸開運神社仏閣へ

腸開運神社仏閣とは 212
神社仏閣の効果的なお参りの仕方 213
腸開運・神社仏閣マップ 216

コラム 寿命も延びる？ まだまだ未知な腸の世界 218

あとがき 220

第1章

運命のパワースポット「腸」を整えれば人生は劇的によくなる

なぜ、腸が整うだけで愛されるのか？

あなたのまわりに、ものすごくモテる人いませんか？　ちょっとやそっとのモテではなく、恋人が途絶えないい、なんなら、パートナーがいてもいい寄られてしまうくらいの「モテ神様」を思い浮かべてみてください。

決して超美人・超イケメンではなく、ちょっと太っていたり、ダサかったりするかもしれません。それでも、そんなのものともしないほどの魅力にあふれた人。

頭の回転が速く、元気いっぱいで、いつもにこにこご機嫌。言葉はストレートでちょっと空気は読めないけど、チャーミングで憎めない。何より、臆《おく》することなく自分の個性を発揮している……そんな人ではないでしょうか？

これらはすべて、腸が整っている人の特徴とぴたりとあてはまるのです。いうなれば、「腸」美人、「腸」イケメンであることは間違いありません。

愛される人って、自分らしさを思い切り発揮している人です。自分らしさを出すために、一切我慢をしていません。我慢をしていない人は、イライラしないし、人にも我慢を求めないのです。だから一緒にいて心地がよいのですね。

反対に、**我慢することは、腸にとって最悪の習慣**です。いいたいことをいえない、自己犠牲精神が強い人は、少なからず腸にトラブルを抱えています。

また、モテる人はいわゆる恋愛体質な人が多いもの。恋多き人は、「ドキドキ」や「キュンキュン」を司るドーパミンが多く出ています。

このドーパミンをつくるのも、やはり腸です。

さらに、腸がきれいな人は透き通るような美しい肌をしています。これは、スキンケアだけではどうにもならない、**体の内側から出る美しさ**です。顔の造形とは関係なく、透明感があり、清らかな印象を人に与えるため、第一印象もばっちりです。

モテって、なにも異性だけではありません。どこにいても愛されて、大切にされる人は、生きやすいと思いませんか？　ほとんどの人が人間関係に悩んでいる現代、人モテはもはやサバイバルスキルといっても過言ではありません。

あとで詳しく説明するのですが、腸がきれいな人って、「よい気」を放っています。だからその人がいるだけで、場の空気までよくするし、まわりの人まで幸せにしてしまうのです。

さらにいえば、腸内細菌が、人の性格を決めるという説まであるそうで、腸がきれいな人は愛情が長続きする傾向にあるとも考えられています。

顔、体の美しさは必ず衰えます。でも、腸の美しさは一生モノ。腸開運を始めた人から「愛されすぎ注意」な人生がやってきます。

どうですか？　単なる「消化器官」と思っていた腸が、あなたの人生を左右する内なるパートナーとして愛おしい存在に思えてきたのではないでしょうか。

お金も「よい腸を持つ人」が大好き！

風水でいえば、人体の五行の「土《ど》」は腸を表します。お金は土から生まれるとされるため、お金と腸は切っても切れない関係にあります。

昔から、優れた経営者や成功者に共通していることといえば、「胆力《たんりょく》がある」ことです。腹が据《す》わっている、ともいえますね。恐れに打ち克ち、自分の判断にすべてをかけ、大きな決断をくだせる人だけが、富も名声も手に入れるのです。

この胆力を生み出す源が腸です。

大きな決断は、ただ頭がいい、つまり脳が優れているだけでできるものではありません。「この人との取引はやめたほうがいい気がする」「なんとなく、こっちがよい」といったある種の直感、インスピレーションが必要不可欠です。

英語でも、直感のことを〝gut feeling〟といいますが、これは直訳すれば腸の感情という意味です。腸と直感は密接に関わっていることを、英語文化圏の人たちも感じているのです。

今後ますます感性や直感による意思決定が求められる時代がやってきます。最近では、世界のエリートたちが、直感力を鍛えるために、美術館でアートを見て学んでいるという本も話題になりました。アート鑑賞はもちろんおすすめですが、腸を鍛えることも直感力の底上げに有効です。

腸は第二の脳といいますが、最近ではむしろ逆で、「腸のほうが脳より賢い」といわれるようになりました。**腸は独自の神経系を持っており、脳とは別に考えることのできる臓器でもあります。**危険な物質が入ってきたとき、脳の判断を持たずに下痢として排除するなど、体内で大活躍しています。

産婦人科医である私の祖父も、人体はまず腸からできることを教えてくれました。このことからも、腸が人体にとってどれほど重要な臓器かがわかるというもの。

それにしても、「胆力」や「腹が据わる」「腹に落ちる」、はたまた英語でも〝gut feeling〟といった言葉があるということは、昔の人には、腹で物を考えることが当たり前だったのですね。

腸がきれいな人は肌もきれいですから、成功者は肌艶《はだつや》がよい、という説にも納得です。

望む現実をラクに引き寄せられるかどうかも腸にかかっている

あなたが放った波動に見合ったものが引き寄せられてくる、とするのが引き寄せの法則ですね。カンタンにいえば、幸せ、楽しい、心地よいという波動を放っていれば、そのような現実が次々とやってくるという考え方です。これはオカルトでもなんでもなく、量子力学の理論である程度証明されています。

波動は、チャクラやプラーナともいいますが、この本では、「気」と呼びます。とても大切な言葉なので、ぜひ覚えておいてくださいね。

さて、気の正体とは何かといえば、エネルギーの循環です。このエネルギーの循環が滞りなく行われることが、よい気を放つために重要なことなのです。

人間は、「考えるちくわ」です。口から入った食物を、1本の消化管を通して排出するように、口から入った気が体を循環して排出されます。「運〝勢〟」というように、外界から取り込んだエネルギーがぎゅんぎゅんと勢いよくめぐることで、運がよくなり、よい気を放つことができます。

しかし、このちくわの穴に、何かが詰まってしまったらどうでしょう。流れは滞《とどこお》り、毒素や悪い気がたまり続けることになります。

この、悪いものがたまる場所が体の中心、つまり腹なのです。「腹に納める」という言葉がありますが、人にいえずに飲み込んだ言葉は腹にたまります。怒り、不安、緊張、恐れなどの負の感情もどんどん蓄積されていくのです。悪いものをため込んでいる人は、下痢や便秘など、お腹関係のトラブルも絶えません。

腸を整えて気の通りをよくすることは、人生の死活問題といっていいでしょう。

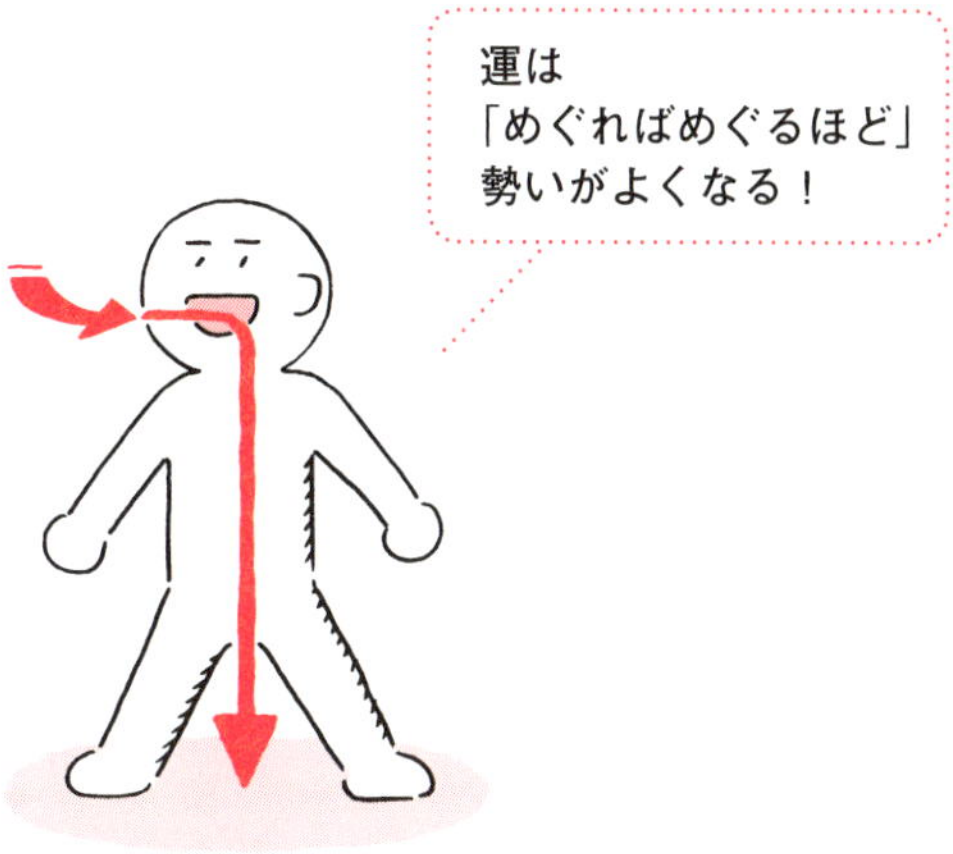
運は
「めぐればめぐるほど」
勢いがよくなる！

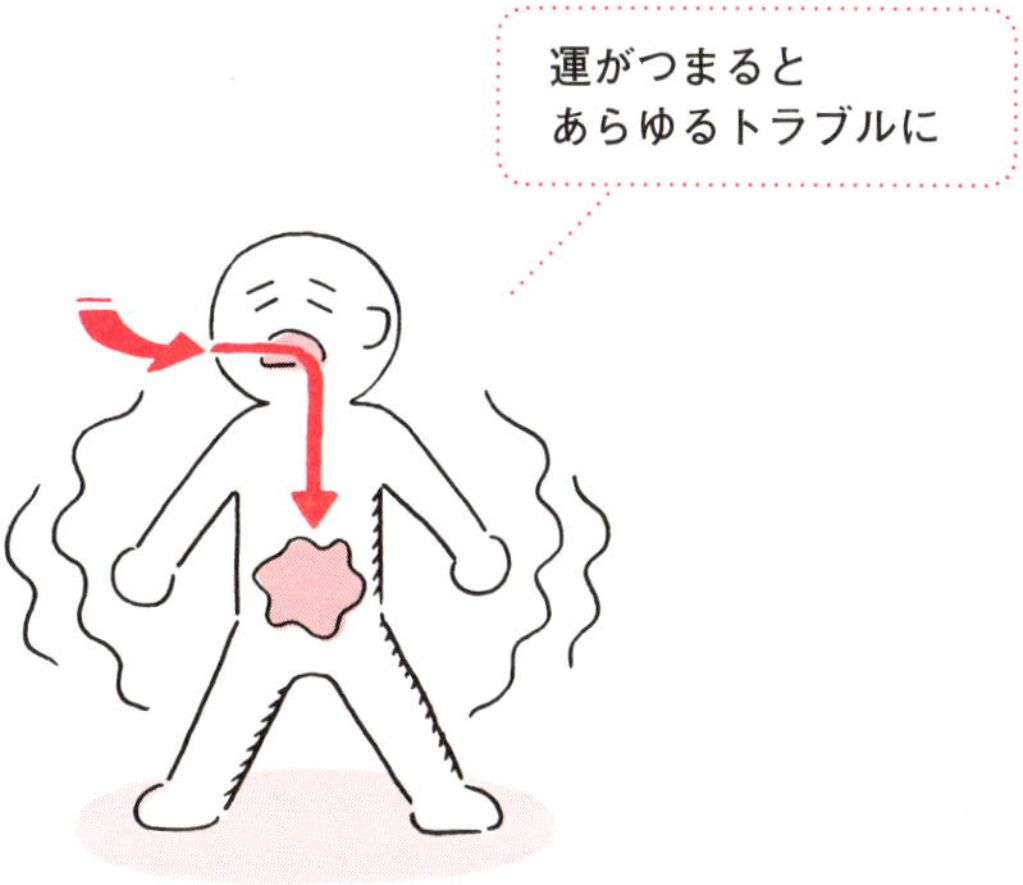
運がつまると
あらゆるトラブルに

人生を充実させてくれる2つの幸せ物質って？

ところで、人生を「いい気分」で過ごせる時間が多いほど、その人生は幸せな人生だといえると思いませんか？

いい気分って、大きく分けて2つあります。それは、「ワクワク感」と「なごみ感」です。これら2つに、腸内環境が大きく関わっているのです。

「ワクワク感」を司るのが、先ほど恋愛体質の話でも登場したドーパミンです。恋愛に限らず、仕事がうまくいったときとか、趣味で人に褒《ほ》められたときなど、「やったー！」という気分を感じるのは、このドーパミンの働きによるものです。

もう1つの「なごみ感」は、大切な人と一緒にいるときや、リラックスしてほっこりできているときのジワーッとしたいい気分を指します。

これも同じく脳内物質によってもたらされているのですが、こちらはドーパミンではなくセロトニンと呼ばれる物質によるものです。このセロトニンは「幸せホルモン」と呼ばれるほどですから、開運のために見逃せませんよね。単純にいえば、いい気分でいるためには、ワクワク感を司るドーパミン、幸せ気分を司るセロトニンがたくさん出ればいいというわけです。

脳内物質といわれることもあるこれらの物質ですが、実はその多くが腸でつくられるとされています。ドーパミンは50％以上、セロトニンに至ってはなんと90％も。つまり、腸内環境がよければ、ドーパミン、セロトニンが大量につくられるため、「面白い！　楽しい！」と思えることが増えたり、小さなことでも「幸せ～！」と感じられたりするわけです。

万年便秘で悩まされていたというY・Kさんは、私の本や講座に触れ、「自分には腸を整える開運法が必要ではないか」と思うようになったそうです。

詳しく伺うと、彼女は長女ということもあり、子どものころから我慢ばかりしてきたのだそうです。**いいたいこともいえず、つらかった出来事が深い怒りとして、長年腹にたまっていきました。**

彼女には、食事のアドバイスはもちろん、「とにかく我慢を一切しないこと！」を徹底してもらいました（このメソッドについては2章で詳しくお話しします）。

するといつの間にか、仕事でもプライベートでも、苦手だった人やものが自然に遠ざかり、我慢しなくてもよい環境に身をおけるようになっていたそうです。さらに、「毎日を心穏やかに、小さな幸せに気づくことを楽しみながら過ごせるようになった」と教えてくれました。

これこそ腸開運のご利益である「なごみ感」ですね。それだけにとどまらず、幸運・強運に恵まれることが増え、ますますまわりの人たちや環境に感謝できるようになったそう。

幸せな腸開運の無限ループに入られたことがよくわかりました。

なぜ、腸がよいと最速で目標を達成できるのか？

目標達成に必要な力とはなんでしょうか？

体力はもちろん、集中力や行動力も必要です。

これらすべてに、腸が大きく関わっています。そもそも、腸が整っていないと気力が低下するため、目標達成どころではありませんね。

そして目標に向かって頑張り続けるために忘れちゃいけないのが、**モチベーションを維持するマインド。**

「心が折れそうな日にどうしたらいいの？」という誰でも知りたい答えは――「腸を整えてドーパミンを出せばいい！」ということでシンプルに解決してしまうのです。

ドーパミンは、目標を達成したときの「やった！」とテンションが上がったときだけではなく、目標を立てるとき、さらにその道のりを考えているときのワクワクする気持ちにも影響しているのです。

「ガッツがあるね」というときのガッツも英語のguts、ホルモン好きな方にはおなじみのガツ、つまり「腸」から来ています。

さらに、チャンスを引き寄せる力や、来たチャンスをつかむ力も必要でしょう。

腸内細菌が人の性格に影響を与えるとされていることはお伝えしましたが、**ある種の腸内の「善玉菌」が多いと社交的な性格になる**と考えられているそうです。チャンスは人からのご縁でやってきますから、社交的であればチャンスは無限大でしょう。

逆にいえば、腸を大切にしていないと、目の前の大チャンスが「私を感じて！」と発してくれるワクワクを感じることができないため、みすみす見逃してしまうのです。

あなたは、自分の本当の願いを知っていますか？

なかなか引き寄せができない、という人にはもう1つ気になることがあります。それは、本当の願いではないのではないか？　ということ。

私は子どものころから、不思議なものが見えていました。人がしゃべっているとき、まるで二重音声のように、お腹のあたりから別の言葉が聞こえるのです。まさに「口と腹とは違う」のように、腹は口とは逆の主張をしていることもありました。

人は、まわりの期待に応えようとしたり、自分をよく見せようとしたりして、自分の本当の願いさえもわからなくなることがあります。

口では結婚したいといっても、本当の本音は、「親が期待しているから」「みんなも結婚しているから仕方なく」だったりするように……。腹の願いこそが、きっとあなたの本当の願い。よく耳を傾けてみましょう。

素晴らしいバイタリティで、現在は事業も家庭も順調なA・Mさん。相談に来られたときは、やりたいことができない自分に悩み、体調も悪く、下痢と便秘を繰り返していました。彼女の腹からは、「……ねばならない」という声が聞こえたため、我慢をお腹にためているな、とすぐにわかりました。

何を隠そう、この「ねばならない」こそが腸の大敵。とてつもないストレスがかかり、本当の幸せにつながる選択ができなくなってしまいます。

彼女の場合、40代半ばで結婚されたのですが、「結婚したのだから、仕事よりも家事をきちんとしなければならない」という考えにとらわれていたようなのです。

私は、はっきり伝えました。

「何を自分の可能性に遠慮しているの！　自信を持って、やりたいことやればいいの。もったいない、できるから」

彼女にはやりたいことをやることを「腹」に決めてもらうと同時に、深い呼吸を続けるようにもアドバイスすると……

その後の変化はめまぐるしいものでした。まるで「つまり」が取れて、いらないものが一気にドカッと流れたかのよう！　とは彼女の談です。

次々お仕事のご縁がやってきて、イベントをすればすぐ満席、思いがけない人脈も広がり、大忙しの日々がやってきました。

当初は「家庭にいてほしい」と望むご主人様との関係にも悩んでおられましたが、我慢せずに腹を割って話すことができるようになり、今では家庭と仕事のバランスも取れるようになったそうです。

我慢やストレスがお腹のトラブルに直結すること、腹の声にしたがうことの大切さ、さらに、腸開運すると、一気に運が開けることがよくわかりますね。

えっ、妊娠も!? —— 考えてみれば納得の意外な効果

腸開運には、実は意外な効果がありました。

お客様から「腸開運」が叶ったと喜びの声をいただくのですが、中でもとても多いのが、「念願の妊娠をした」というものです。

M・Bさんは、妊娠を考えるようになって私のところにいらっしゃいました。私は占うときに、生年月日のほか、体調や持病をおたずねすることがあります。彼女は胃痛、便秘や下痢に悩まされており、さらに婦人科系の持病もお持ちでした。

そこで、P117からご紹介している陰陽《おんみょう》別体質チェックを行ったところ、陰《おん》体質に偏《かたよ》っており、体が冷えていることがわかったのです。

体を温める食材を取り入れてもらうことと、毎朝白湯をたっぷり1杯飲むことを習慣にしてもらいました。さらに、腸内環境を整えてもらうために、宮入菌《みやいりきん》という乳酸菌を処方してもらって飲むよう伝えました。これらをすべて実践したところ、M・Bさんは**無事妊娠、肌艶のよい元気で穏やかなお子さんを出産されました。**

正直なところ、腸開運が妊娠に役立つとは最初は考えていませんでした。でも、よくよく考えてみると、この想定外の結果にも合点がいきました。腸開運は体の中心を整えることを目的としています。体の中心を整えることは、女性の場合そこに同じく位置している子宮を整えることにもつながるわけです。

「運の免疫力」アップで誰でも何歳でも腸開運できる

さて、腸があなたの人生にとっていかに大切か？　もうおわかりいただけたのではないでしょうか。

実は、腸内環境はおよそ3歳ごろまでに決まるといわれています。それじゃあ、もう今から何をやっても遅いんじゃない⁉︎　と思われた方、どうぞ安心してください。**本書は、そんなあなたのために書きました。私自身が、大人になってから研究と努力によって、開運したからこそ、自信を持っていえるのです。**

私の開運への執着は並々ならぬもので、生まれつきの好奇心と研究好きが高じて、もはや開運マニアの域まで達しています。私はこれまで占い師として、2万人以上の方を鑑定し、開運方法をお伝えしてきました。

それで確信したことは、**生まれながらの宿命は変えられないけれど、運は自分次第で必ずよくしていける**ということです。

腸も運と同じです。あなたの生き方次第で、よくすることも、反対に悪くしてしまうことも自在なのです。

腸開運は、ただ腸によいものを食べればいいとか、神社に参拝すればいい、といったものではありません。心、体、あなたを取り巻く環境のすべてを整えて、はじめて開運へと導かれます。

とはいえ、本書で手順さえ理解していただければ、それぞれの方法自体は誰にでもカンタンに実行できる事柄ばかりですから、どうかご安心ください。

本書のハウツーは、次章で心の腸開運からスタート。次に体質チェックを行っていただいたうえで、開運体質に変わる「衣・食・住」のルールについてお話ししていきます。特に中心となる「食」の部分では、腸にいい食べ物を、開運にどんな「効能」があるかの説明つきで詳しく取り上げていきます。

私の「腸開運人生」

何を隠そう私自身、自他ともに認める素晴らしい腸の持ち主です。

まず、生まれてこの方、一度も便秘に悩まされたことがありません。過剰な肌荒れの経験もなければ、緊張やストレスから下痢になった経験もありません。

ありがたいことに、雑誌記事や書籍の執筆依頼、メディアからの取材などを多数いただきながら、開運ツアーの催行、開運グッズの開発なども精力的に行っています。

プライベートや休息もまったくおろそかにせず、睡眠も毎日8時間以上。やりたいことをすべてできるだけの気力、体力と集中力に恵まれています。

もともと文章を書くのが好きということもあるのですが、集中すれば1日1万字書くこともザラにあります。そうお話しすると驚かれるのですが、このパワーの源は、やはり腸にあると思っています。

そんな私の腸は、どのようにつくられたのでしょうか。

人の腸内環境は、生まれたその瞬間から形づくられはじめ、およそ3歳ごろまでに完成するとされています。私は産婦人科医の祖父に取り上げられて生まれ、5歳まで中国で育ったため、腸内環境は中国でつくられたということになります。

幼少期はアレルギー性の鼻炎と気管支《きかんし》喘息《ぜんそく》を患《わずら》っていたため、腸内環境を整えて体質改善するべく、祖父の指導で、**発酵《はっこう》食品、果物、ドライフルーツ、ナッツ**などをよく食べさせられました。さらに、水泳も習っていました（**運動も、実は腸開運に大切な要素なのです**）。

そのおかげもあり、今ではほとんど症状が出ることはありません。私の素晴らしい腸のベースは、祖父母や両親がつくってくれたのです。

ちなみに私は、子どものころ祖父に、**歌を歌うこと**をすすめられていました。これは歌手になりなさい、という意味ではなく、実は「腹式呼吸」が自然にできるようになるために有効だからでした。今でも、集中して仕事をしているときは腹式呼吸になっています。

深い呼吸をすることは、手軽ですぐにできる腸開運の方法です。

誰にでもやってくる「35歳すぎの大ピンチ」をどう乗り越える？

さて、好奇心旺盛《おうせい》で、わんぱくな子どもだった私は、泥団子を食べたり、蟻《あり》を食べたりしても（！）なんともありませんでした。小学生のころなど、両隣の子がインフルエンザで休んでも、私だけケロッとしていたほど、強い免疫力を持っていたのです。

ところが、35歳をすぎてから、体調に大きな変化を感じ始めました。**食物アレルギーの症状が出たり、風邪なんてほとんどひかなかったのに、季節の変わり目にひくようになったり……。**明らかな免疫力低下を実感しました。そのため、人生で初めて人間ドックを受診して、対策を取ることにしたのです。

東洋医学によるアプローチはいろいろ試していたので、今度は、以前から興味のあった古代西洋医療の植物療法・フィトセラピーを試してみようと思い、本場のフランスへと足を運びました。

パリのパレ・ロワイヤル近くにあるハーブ薬局〝Herboristerie（エルボリストリ）〟で、薬剤師でもあり、植物療法士でもある日本人セラピストにカウンセリングしてもらいました。彼女は、私の症状を聞くや否やすぐに、体質に合ったハーブや、サプリメント、チンキ（ハーブをアルコールやオイルにつけたもの）や、フラワーエッセンスなどを処方してくれました。

フィトセラピーの効果は素晴らしく、明らかに免疫力が上がったことがわかりました。アレルギーは症状が軽くなり、数値も改善。季節の変わり目に風邪をひくこともなくなりました。

ついでにいえば、不摂生《ふせっせい》で気になっていたＬＤＬコレステロール（悪玉コレステロール）の数値が1年で40ポイントも減りました。食事や生活も特に変えずに、フィトセラピーだけでここまで下がるとは思いもしませんでした。

ただ、私はここでフィトセラピーの宣伝をしたいわけではありません。体調が悪化したときに、とにかく腸を第一にケアしたことが、誰にでもやってくる「体の曲がり角」というピンチ脱出の秘訣《ひけつ》だったことを強調したいのです。

さらに東洋医学や中医学における陰陽体質（P117）に沿って食べるものを選ぶようにしました。腸によいとされる食材は誰にでもよいというものではないため、自分に合った食材を知り、選び取ることが大切なのです。

また、遺伝子検査も受けてみて自分に合うものを知り、積極的にタンパク質をとるようにもなりました。

しかし、何より気をつけたのは、「ストレスをためない」を改めて徹底することでした。

ストレスがたまるといいますが、実際ストレスはお腹にたまります。「我慢しない」というマインドをはっきりと持ち、意識して息抜きをしたり、好きなことしかしない時間をもうけたり、好きな人と好きなものを食べたり、温泉に行って癒《いや》されたり、瞑想《めいそう》してみたり……。これが一番効果的だったように思います。

このように、私の腸開運は、家族の手と、もう半分は自分自身の手でつくってきたものなのです。

風水的に「腸は人体最大のパワースポット」

腸と開運の関係を説明してきた1章も、そろそろ締めくくり。

最後に少し視点を変えて、**私の一番得意とする風水の立場から、腸について眺《なが》めてみましょう。**ちょっと専門的な言葉も出てくるので難しく感じる人もいるかもしれませんが、この項目だけですから安心してください（パス！　という方はP46まで読み飛ばしていただいて結構です）。

風水では、体の中心のことを「太極《たいきょく》」といいます。

気（エネルギー）の流れを「龍脈《りゅうみゃく》」といい、気が最終的に集まるのがこの「太極」です。

そして、集まった気が地上に噴き出す場所を「龍穴《りゅうけつ》」というのですが、これには実はみなさんもよくご存じの別名があります。なんだと思いますか？

答えは、「**パワースポット**」です。

地理風水では、この場所に都を築くと繁栄するといわれています。この場合、龍脈は、地下水脈や、地上の川の流れのことを示します。

実は、人の体にも同じことがいえます。体内を流れる龍脈が体の中心＝太極に集まるのです。そしてその体の中心は何かといえば……はい、腸です（もう耳タコ状態ですね）。つまり腸は風水的には人体のパワースポットでもあるわけです。

人体の太極である「腸」こそ
最強のパワースポット

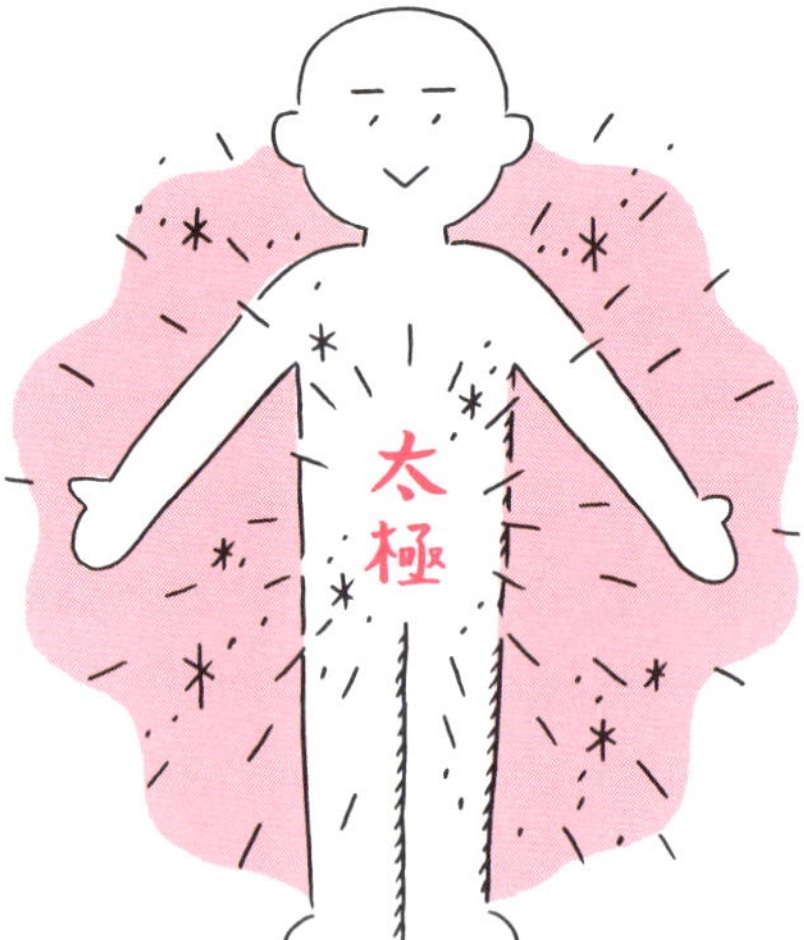

中国の帝王学で「風水」と「健康」が超重要視されたワケ

ところで中国では、中華を統一した秦《しん》の始皇帝《しこうてい》に始まり、中国史上の長い間「皇帝」が国を統一していました。

皇帝はどのようにして決まるのかご存知でしょうか。皇后《こうごう》が生んだ長子では、と思われるかもしれませんが、その限りではありません。

中国最後の王朝を統治した我が愛新覚羅家《あいしんかくらけ》を例に取ると、多くの側室が生んだ子も含め、さまざまな条件から皇帝が選出されていたのです。

帝王学の学びをしっかり修め、文武両道、健康優良で体格がよく、先代から受け継いでいるオーラなどさまざまな要素から総合的に選ばれます。

そのため、我が愛新覚羅家でも、兄弟同士の探り合い、殺し合いが絶えなかったそうです。

そのように苦労して皇帝になるのですから、誰もが、できるだけ健康で長生きし、在位し続けることを目指しました。

例えば、秦の始皇帝も「不老不死」の薬効があるものを官僚などに探させ、見つけられなければ一族もろとも処刑をするという重罰を科すほどだったといいます。「長生きをして実権を握り続ける」ことへの執着と貪欲《どんよく》さは、どの時代の皇帝にも共通していました。

このことから、**皇帝の帝王学の中でも「医学、健康」は大変重要な意味を持つものになっていきます。**

この学びの中で大変有名なものが、**「陰陽五行思想《おんみょうごぎょうしそう》」**で、本書の腸開運メソッドでも大きな役割を担っています（3章以降で詳しくご紹介します）。

また、健康を風水から突き詰めるため**「風水環境学」**というものまで、古代中国で生まれました。**「生き・死に・病」**に関わるといわれ、国家統一の「繁栄と衰退」においても長きに渡り有効活用され続け、根づいている帝王学です。
風水師は「気」を読み取ることに長けています。大きく分けて、地形から推測する「地理風水（ラントウ派）」と、家の形や間取りから推測する「陽宅風水（リキ派）」に分かれます。

どんなに素晴らしい土地に住んで、住空間が整っていても本人が整っていなければ運のバランスは崩れてしまいます。逆もまたしかり。**どんなに素晴らしい人格で整っていても、ゴミ屋敷に住んでいたら元も子もありません。**

私たちの運命は「環境」と「習慣」で常に決まっていくといっても過言ではないでしょう。誰と付き合うのか、どんな環境に住むのか、仕事は何をし続けていくのか、どんな食事をするのかなど、常に運命の取捨選択を試されてもいるのです。
本書の「腸開運」メソッドも、「衣食住」すべての面から完成されていきますから、どうか楽しみに読み進めてください。

コラム

占いと医療の密接な関係

医療の原点は「お手当て」からきています。治療師が患部に手をかざすことで、手から放たれる気（エネルギー）で癒すというものです。イエス・キリストは手をかざしただけで盲目の人の目を治した、という逸話《いつわ》がありますが、これも気による治療だったと考えられます。

このような仕事をする人を、当時「霊医《れいい》」と呼んでいたそうです。解剖学《かいぼうがく》が発達していなかった時代には、お医者さんと占い師、ヒーラーやセラピストはほぼ同一視されていました。

預言者で有名なノストラダムスも、医者でもあり占星術師でもありました。占星医学メディカル・アストロロジーという手法を用いて、星占いの要領で生まれつき病気になりやすい部位を割り出して治療していたといいます。

薬も、今は主に、病院で処方される錠剤や粉剤を指しますが、かつては食物もハーブのような植物も薬として珍重されていました。「医食同源《いしょくどうげん》」の中国でも木、動物、植物の根、実とさまざまな自然のものから漢方薬をつくりますし、食べ物と薬の区別は本来ありませんでした。

イエスの側近である「マグダレーナ（マグダラのマリア）」も、生花や薬草ハーブ、アロマテラピーの前身であるチンキなどを使って、医療行為を行っていたそうです。

私が敬愛する偉人に、中世ドイツに生きたヒルデガルト・フォン・ビンゲンという女性がいますが、彼女も修道女でありながら、医学、薬学に精通し、精神と肉体との一体化を重視したホリスティック療法の書を記しました。

現在では、科学的な裏付けのない療法は、残念ながら、まやかしものとみなされがちです。しかし、科学や現代医学と古代の知恵がバランスよく統合することで、人類はさらなる発展を遂げ《と》るでしょう。

第2章

意識改革で腸開運！開運体質に変わる心の習慣11

「心の持ちよう」と腸の深い深い関係

風水的に理想の土地に住み、理想の間取りの家に住んでも、そこに住む人の内面が整っていないと、運を最大限に開くことはできない……これが、2万人以上を鑑定し、風水を研究してきた私の結論です。心、体、そして環境は密接に関わっています。

腸開運の最初のステップとして、まずはあなたの意識、つまり心を整える方法をお伝えします。

医師である祖父に、「病気になる一番の原因は何だろう」とたずねたことがあるのですが、やはりというか、一番は「精神的要因」だといっていました。「病は気から」は本当だったのです。

ストレス、不安、悩み、イライラ、悲しみ……こうした負の感情は、免疫力に影響

を与えるのだそうです。患者から免疫細胞を取って増やし、投与する療法を行っても、効果はあっても20％前後だったとのこと。いくらよい免疫細胞を投入しても、結局は負の感情によってその効果を台無しにしてしまうのです。

日本人の死因1位は「がん」ですが、これは自分で自分を攻撃する悪い細胞をどんどんコピーするという細胞の突然変異によって起こる病気です。人体は毎日およそ200の細胞に突然変異が起きますが、健康であれば免疫細胞の数がそれよりも勝るので、がんができても免疫で排除することができます。

日本癌《がん》研究会付属病院（現有明がんセンター）に研究研修医として勤め、がんの論文も多く書いている祖父は、やはりがんの大きな原因はストレスだとみています。

ちなみに、病気の原因の二番目は「環境的要因」、三番目は「遺伝、食生活、体質的要因」とのこと。まさに、心・環境・体の三位一体なのですね。

心が人を病気にするなら、反対に、心を大切にしてあげれば人は健康になるということ。

「健全な精神は、健全な肉体に宿る」ともいいますね。まさに「卵が先か、鶏が先か」のように、体を健康にすれば、心も健康になるし、健全な心の持ちようでいれば、体も健康になっていきます。健康ならば積極的にチャンスもつかめます。

心の免疫力アップは、運の免疫力アップに直結するのです。

ネガティブだって大丈夫！「中庸」が開運のカギ

いつも笑顔で明るく、前向き、ポジティブでいると、よい運を引き寄せる——それは間違いないのですが、

「あ、私はネガティブになりがちだからダメなんだ……」

と思ってしまったあなた、ちょっと待ってください！

私はまったくネガティブを否定しません。むしろ、ネガティブな発想や発言はダメ、という風潮を疑問に思っているくらいです。

陰陽図《おんみょうず》をご覧ください。

白いところと黒いところが同じ割合で存在していますね。さらによく見ると、黒の中にも白い部分があり、白の中にも黒があることがわかります。

白は陽、黒は陰です。陰陽図は、**「この世界には陰陽のバランスが等しくある」**ことを表しています。これを**「中庸《ちゅうよう》」**といいます。**どちらに偏りすぎてもよくなく、バランスが取れていることが大切なのです。**

ネガティブなところも、ポジティブなところもともにあるのが普通なのです。

あなたの心のバランスはどうでしょうか。

「陰陽図」は「中庸」の大切さを表している

次の意識チェックをやってみてください。あまり悩まずに、直感にしたがって素直に答えることがポイントです！

開運体質に変わるための「心のバランス」チェック

［陰《おん》の意識チェック］

□悩みごとがある、または長年悩まされ続けていることがある
□何ごとにも慎重だ
□過去のイヤなことを思い出して、「また同じことが起こるかも……」と不安になる
□塞《ふさ》ぎこむことが多い
□自己肯定感が低い、自分があまり好きではない
□自信がない、自分には無理だと感じることがよくある
□声が小さい

□いいことがあっても、悪いことの前触れかも、と思ってしまうことがある
□欲しいと思っても遠慮したり、人に譲ったりしてしまう
□人見知り、初対面が苦手なタイプだ
□自分の都合よりも、相手の都合を優先してしまう
□空気を読んで、自分の発言を変えることが多い
□やりたいことが何か、よくわからない
□どちらかといえば、ネガティブ思考と思う
□自分だけが正しいとは思っていない
□あまり目立たないほうだと思う
□物事をジャッジしてしまうクセがある
□褒められても「社交辞令でしょう」「お世辞でしょう」と思うことがある
□損をしているな、と感じることが多い
□細かいことによく気づくほうだ
□心を打ち明けられる人がいない、あるいは少ない

□失敗したらどうしようと思うことが多い
□いろいろな人の意見を聞きすぎて、よくわからなくなることが多い
□心配性だと思う
□自己主張はあまりしない
□何かを始めるとき、まず悪い結果から想像してしまう
□危ないことはやりたくない、安心・安全が好き
□人の悩みや苦しみがわかってしまうことがある
□人の目が気になってできないことがある
□嫌われたくないと強く思う

［陽《みょう》の意識チェック］

□自分のことが好き
□悩みがない、少ない、または悩んでも寝たら忘れるぐらい楽天家
□「明るい」「ポジティブ」といわれる

□好奇心が旺盛で刺激的で面白いことが好き
□やりたいと思ったらすぐ行動に移す
□基本的に「どうにかなるさ」と思っている
□周囲から「楽観的だね」「ポジティブだね」といわれる
□自分の意見や考えに自信がある
□声が大きい
□「人からどう思われるか」よりも「自分がどう思うか」で行動する
□物事を深く考えない傾向にある
□逆境に燃える
□頑固で人のいうことを聞かないことがある
□自分が話題の中心にいないとつまらないと感じる
□よく笑い、よくしゃべる
□過去や未来ではなく、今を生きるタイプ
□自分の思いをオープンにし、心にとどめない

□自分の発言や行動には影響力があると思う
□「間違えても大目に見てもらえる」と思っている
□見切り発車をして失敗することが多い
□失敗してもあまり反省はしない
□目立ったり、注目を集めたりすることが好き
□じっとしているのが苦手
□なんでも率先して手を上げるほうだ
□できると思って始めたのに、結局できなかったことが多い
□まわりの変化にあまり気がつかない
□リスクを伴うことでもあまり躊躇《ちゅうちょ》しないで手を出してしまう
□願ったことはすべて叶えられると本気で思っている
□眼に見えない世界や力を信じている
□励ますのが得意なほうである

さて、チェックを付けられたでしょうか?

見ていただきたいのは、それぞれのチェックの数です。**チェックの数の差が少ないほど、バランスが取れており、中庸に近い**ということなのです。

まったく同数、という方は極めてレアだと思いますが、同じではなくても、6対4くらいの割合でもバランスが取れているといえます。


すべての人の中には陰と陽が同居しています。どちらかがよい、ということはありません。


声が小さすぎては聞こえづらいし、声が大きすぎればうるさいですよね。

それとまったく同じで、**陰の意識に偏りすぎると、石橋を叩きすぎて前に進めない、自分の殻に閉じこもって視野が狭くなる**、ということがあります。不安が多く、鬱々《うつうつ》としてしまうこともあるでしょう。

逆に、**陽の意識に偏りすぎると、自己顕示《けんじ》欲が強すぎるため、人は離れていってし**

まいます。また、よく考えたり準備したりしないで行動に移してしまうため、当然失敗して回り道をすることも多いでしょう。回り道をすると運をムダづかい＝エネルギーロスします。

状況に応じて、陰の意識で向かったほうが解決する場合と、陽の意識で向かったほうが物事はよい方向に転換する場合があるのです。自信過剰だと感じたら、少し謙虚《けんきょ》になる、見切り発車をせずに、立ち止まって考える……というように。

陰陽それぞれの意識を使い分けできるように心がけることで、運は開けてくるでしょう。

この意識のバランスを司っているのが、ほかでもない腸なのです。

科学的に見ると、腸内細菌は私たちの思考や行動、感情に影響を及ぼすという研究結果が出ています。マウス実験でも「脳への神経伝達物質の産生に腸内細菌が関わっている」とされているそうです。

つまり、腸内環境を整えれば、思考や行動、感情も変化していくということ。まさに「腸内細菌の変化＝意識の変化」へとつながっていくわけです。

腸開運トレーニングはまず「心の習慣」からスタートします。腸にとって大切なのは、ストレスを与えないこと。腸の能力を全開にして開運体質に変わるための、すぐに効果が出る11の心の習慣をご紹介していきましょう。

開運体質に変わる 心の習慣 1

「皆から好かれなくてもいい、と考える」

誰だって、人に嫌われるよりも、たくさんの人に好かれたいもの。でも、好かれようと意識して行動すると、我慢することも増え、ストレスになってしまいますよね。

『嫌われる勇気』というタイトルの本がベストセラーになっているのを見ると、やはり「嫌われないように生きる」ことって大変、と思っている人が多いのかもしれません。

例えば、こんな経験ありませんか？

- 相手のご機嫌を察知して、どう行動するか考えてしまう
- 好かれるための行動をしている
- 自分の意見と合わなくても、相手に同調する
- なんだかやだな、と思ってもお付き合いしている相手がいる
- いいように使われたと思っても文句をいわない

相手がお客様とか、大事な取引先の人、という場合はどうしても好かれるための行動が必要かもしれません。そういうときって、どっと疲れちゃいますよね。

そういうときだけならまだしも、四六時中すべての人に対して、そんなふうに振舞っているとしたら……。**常に緊張状態、心の休まる時間がまったくない**ことになります。

ちょっと耳の痛いことをいいますが、人に好かれるための行動って、結局自分を守るための行動にほかなりません。相手への思いやりや優しさからくる、愛の行動ではないってことです。嫌われたくないから、本音を隠して、物わかりがいい人のフリをしているなんてことも……。

では、どうすればいいのでしょう。「嫌われたくない」という意識を変えるには、カンタンにいえば一人ぼっちになることを恐れないことです。でも、そうカンタンには「一人でいい」なんて思えませんよね。

それなら、こう考えてみると、少し楽になるのではないでしょうか？

人との関係は諸行無常。一定ではなく、絶えず変化するもの。「来るもの拒まず、去る者追わず」でいこう。

たとえ今の人間関係の中で嫌われたり、別れることになったりしても、すぐまた新しい人と出会い、縁ができます。

嫌われることを恐れるよりも、どういう自分になりたいか、そのためにはどういう

人と付き合っていきたいかをイメージしてみましょう。そう考えられるようになると、あなた自身の成長の速度も速まりますし、どんな人でも、あなたに学びを与えてくれるでしょう。

もちろん、あえて嫌われるように行動する必要はありませんし、「人にどう思われるか」ではなく、自分がしたいと思ったなら、優しい心づかいをすれば、人との関係はよりよくなっていきます。

開運体質に変わる 心の習慣 2

「自分に合ったストレス発散法を見つける」

私たちは、まわりの環境から常に影響を受けます。まわりの人はもちろん、においや音、場所、空気……いいものも、悪いものも受け取りますが、どちらにせよ影響を受けるのをやめることはできません。花粉症だからといって、花粉を吸わない、ということができないようなものです。だからこそ、自分自身の免疫力をアップさせるしかないのです。

ストレスの原因になる環境が、もし変えられるものならさっさと変えるに越したことはありませんが、そうはいかないものも多いですよね。生活のために、嫌いな仕事や家事をやり続けたり、嫌な人と一緒に同じ仕事をしないといけなかったり……。**心の中で「イヤだ、嫌いだ、ムカつく」という言葉を繰り返すほど、「ストレス負《ふ》債《さい》」がたまります。**これが体内で爆発すれば病になるかもしれないし、外部で爆発すれば他者への暴言や暴力といった形で、取り返しのつかないことになってしまうかもしれません。

そもそもストレス自体は悪者ではなく、危険から命を守るために必要なものですし、仕事やスポーツのパフォーマンスを上げるためにも役立ちます。完全に消そう、と考えて抑制するのではなく、**「たまる前にこまめに解消！」**が大切なのです。

ストレス発散法・解消法は人によっていろいろですが、特におすすめの方法を紹介しましょう。

［実践！ 運の免疫アップ］

❶マイナスな感情が出たら、人に打ち明ける。難しければ紙に書き出す
❷趣味を持つ、好きなことに打ち込む時間を持つ
❸外出する、身体を動かす
❹ゆうはん式瞑想P85を行う
❺心身ともにリラックスできる部屋づくりをする

趣味を持つ時間なんてない、という人はぜひ、そのための時間をつくる工夫をしてください。長い目で見れば、人生にとってこれほど大切なことはありません。

特に、何もかも忘れて夢中で打ち込めることがあると最高ですね。

実は好きなことに集中しているとき、趣味に没頭しているときというのは、潜在意

識が引き出されやすく、副交感神経が優位になります。
一種の瞑想状態になるので、第六感が開いてきます。あくまでも、「好きなこと」に集中しているというところがポイント。嫌いなことには「やらなきゃいけない、終わらない」というリミットが決まっていることで集中することはあっても、やり切った後に満足感が多少得られるくらいで、好きなことをやった以上の至福は得られません。**多趣味であればあるほど、第六感も強まり、ストレスから解放されやすくなります。**ただし、「趣味、つくらなきゃ！」と焦ると、それもストレスになってしまいますから要注意。その際はひたすら休息をとる、嫌いでなければ温泉にいく、睡眠を取る、森林浴するだけでも大丈夫です。

私もストレスがたまったときは、ヒーリングミュージックやクラシックを流して眼を閉じて瞑想します。

また、原稿執筆などのデスクワークで凝《こ》り固まりがちな肩甲骨をほぐすため、ストレッチポールを使ってストレッチをしながら瞑想することも。肩甲骨がほぐれると、全身の血流がよくなるのでおすすめです。

背中が凝り固まると、胃腸の不調や便秘につながるといわれます。座り仕事の方は特に、肩甲骨のストレッチでリフレッシュしてみてくださいね。

開運体質に変わる 心の習慣 3

「感情の循環を心がける」

人の身体はちくわと例えたように、ため込んでおくことが難しい構造になっています。食べたら出す、吸ったら吐く、というふうに循環することが自然なのです。

例えば、食べたものが出なくなったら、人は生きていられませんね。口から入った空気が体に循環しなくなっても同じこと。だからそんなことは起きません。

食べ物をため込む、空気をため込むことはできないのに、たった1つ、いくらでもため込めるものがあります。

それは、「感情、思い」です。

「腹の内は明かさない」とか、「腹に収める」というように、実は感情はお腹に隠す

ことができるのです。だからこそ、本音を探る言葉は「腹を探る」「腹を割る」といいますね。腹は心と連動していることがうかがえます。

次にあげる人は感情の「ためすぎ」に要注意です。

- いいたいことがあってもいえない
- 本音で話せる相手がいない
- 嫌われたくないから好かれるように振る舞う
- 思いを募らせるクセがある
- 我慢をする
- 嘘《うそ》をついてしまうことがある

人は生きている限り、感情を持ち、思考し続けます。当然、ネガティブな感情も浮かびます。

悩みを抱え、不安を覚えることを、否定をする必要もなければ、我慢をする必要も

ないのです。大切なのは、そのときの対処。

例えば、「むかっ」としたなら、「今のはむかついたよ」というように、相手に直接伝えてみましょう。それが難しければ、ほかの誰かに聞いてもらうのもよいですね。ただし、その人を罰してもらおうと陰口をきくのは逆効果なので注意してください。

［実践！ 運の免疫アップ］

❶感情を出すのを恐れず、思い切り泣いたり、笑ったりする
❷相手がどう思うかよりも、自分がどう思うかを優先してみる
❸信頼できる友人やパートナーとシェアする
❹ネガティブな気持ちがわいても否定せず吐き出し、「そんな自分が嫌い」と思わない
❺やり切ったなら、執着せず、あきらめて手放す

我慢しがちな人は、「人ともめたり、悩みや不安と向き合ったりするよりラクだから」とそちらを選択していることがあります。思いやりからの選択とは限らないので

す。

我慢は毒と同じです。毒素をどんどん身体にため込んでいってよいはずがありませんね。勇気を出して少しずつ、感情や本音を出す練習をしていきましょう。

開運体質に変わる 心の習慣 4

「直感力を磨き、大切にしよう」

直感とは、脳で考える前に「はっ」とひらめくような感覚です。第1章でもお伝えしたように、**成功者といわれる人は直感力が優れている**とされていますね。

でも、それって実は誰にでもできるはずのことなんです。

あなたにも、「天から考えが降りてきた」ように感じた経験はないでしょうか。そこまで大げさなものでなくても、「ビビッときた」というのも立派な直感です。運がいい人やうまくいく人は、それを大切にしているだけなのです。

最近でこそ、直感力は大切だといわれるようになりましたが、論理的に説明できることのほうが優れていると考えている人はまだまだ多いでしょう。**直感こそ、あなたにとって必要なものや、大切なことを示してくれるもの。**でもそれも、腸が元気でなければ、見逃してしまうのです。

腸開運すると、直感力が高まりますし、直感を使えるようになるとさらに運が開けていきます。逆に、直感力を大切にしないと、目的地までむやみに遠回りをすることになります。

こんな経験はありませんか？

- 最初に思った通りにすればよかったとよく後悔をする
- 自分の考えに自信がないので、さまざまな人の意見に振り回される
- 同じ失敗をよく繰り返している
- ついつい人目を気にしてしまう

●眼に見えない世界や力をどこか疑っている

心当たりのある方は、ズバリ申し上げて直感の大切さに気づけていないといえます。

特に、**「失敗を繰り返す」というポイントには特に気をつけてほしい**と思います。

これは決して失敗が悪いこと、という意味ではありません。失敗から学べることは無限大です。**何度も同じ失敗を繰り返すときは、そうしないと気づけないポイントがあるから**なのです。気づけば、ループから抜け出せます。

直感を信じて行動し続けると、当然失敗もありますが、次第に直感力が養われていくのです。すると、「これはOK！」「これはやめよう」と、瞬時に取捨選択ができるようになります。

私は、腸がスッキリしていると、アタマもスッキリしているなあ、と感じることがよくあります。

お通じがあった後ってなぜか、ひらめき力が高まるのです。実際、スッキリした状

態で集中して打ち込んだものや、発想したものは、よい結果になるから不思議です。
イベントであれば満席になったり、商品であれば完売になったり……。それからというもの、大きな企画を考えるときはおトイレを済ませてから！　と意識しています。

直感を使いこなせるほど、人生のムダはそぎ落とされ、楽に生きられます。
ちなみに、「人生にムダはない」といいますが、私は、「やらなくていい回り道はムダ」だと思っています。せっかく直感が来ても、頭で否定し、「やってもムダ」と思って回避し続けたら、どんどん遠回りをするだけです。これも運命のエネルギーロスを生み出しますね。

直感力は誰でも手に入れることができますし、磨くのは実はとてもカンタンです。

［実践！　運の免疫アップ］
❶失敗を恐れずに、直感にしたがってやってみる

❷さまざまな経験を積む
❸芸術鑑賞、映画鑑賞、音楽鑑賞を楽しむ
❹クリエイティブなこと（絵を描く、曲をつくる、歌を歌うなど）をやってみる
❺眼に見えない世界や力を学んでみる
❻ゆうはん式瞑想P85を行う
❼選択肢を広げるため世界地図を見えるところに置いたり、外国に行ったりする

開運体質に変わる 心の習慣 5

「決断、行動を早くしよう」

人生で、一度も迷ったことのない人なんていないでしょう。しかし、**「迷うからこそ迷わなくなる」**とも思います。

なぜなら、一度迷ったことのある道に、もう一度差しかかったなら「前回はこれでうまくいったから、またそうしてみよう」「今度は反対側に行ってみよう」と一歩進んだ判断ができるからです。

迷わずに取捨選択できるようになると、自分に何が合っていて、何が合っていないのかを理解できるようになります。これは、あくまでも自分の基準であり、他人の基準に流されたり、合わせたりすることではありません。

また、これはたくさんの方のご相談を受けてわかったことですが、高学歴で、優等生タイプの方に迷いが多くある傾向を感じました。頭がよすぎるためにいろいろなことに気がつくからかもしれませんが、決断に時間がかかる方が大変多いのです。

反対に、「なんとかなるさ！」と楽観的で、破天荒タイプの方は迷わずに快か不快かだけで取捨選択する傾向にありました。逆に迷わないからこそ、問題が発生するとどうしたらいいかわからなくなってしまい、鑑定を頼ってこられることもあるのです。

ですから、一概にどちらがいいと決められないところはあるものの、取捨選択をスピードアップしたほうが運がよくなることだけは確かなのです。

運に勢いがつくことで「運勢」ですから、このスピードが人生に差をつけます。私が今まで鑑定してきた成功者の方々は迷わない人がほとんどです。自分の運勢を加速させることで、常に、「次はどうしようか」と未来に期待をしながら、それをさらに実現するためにはどういう戦略が必要かを考えて、努力なり行動なりを起こすのです。

［実践！ 運の免疫アップ］

❶いいわけを探さない、いいわけをできるだけしない
❷いつでも立て直しはできると思うこと
❸直感を否定しない
❹行動力を高める「赤色」を身に着ける
❺100%完璧を目指さず、70点を目指す

運のいい人の考え方・行動ってこんな感じなんです。
迷うヒマがあれば、まず直感にしたがって選ぶ、そして行動を起こす。
もしそれでダメージを負う結果になっても、「死ななければなんとかなる」、もっと

すごい人は「それで死んだとしても悔いはない」とすら思っています（さすがにそこまで突き抜けなくてもいいですが！）。『死ぬこと以外かすり傷』という本がベストセラーになっていますが、運のいい人たちはまさにそんな心持ちで人生の取捨選択を楽しんでいるものです。

いきなりこれを真似しようとして、本当に破滅してしまったり、命を落としてしまったりしたら元も子もありません。このバランス感覚を磨くには、やはり「直感力」です。腸開運すれば、この取捨選択がよりやりやすく、精度の高いものになります。

開運体質に変わる 心の習慣 6

「鈍感力を身につけよう」

直感力が大事、といいましたが、同じくらい大切な力があります。それが、鈍感力です。**鈍感力とは、その名の通り、感覚を鈍くする力**という意味です。

これが実は腸開運のために重要なポイントなのですが、「空気を読む」ことが求められるあまり、些細《ささい》なことにも気づくようになっている日本人には大きなネックなのです。

次のような方は要注意です。

- 人の気持ちをよく察して、相手の望むように振る舞ってしまう
- 小さなことがずっと心にひっかかってしまう
- 褒められたり、好きといわれたりしても「何か裏がある?」と勘ぐってしまう
- 人との距離感の取り方がよくわからない
- メールのお返事、仕事や家事など、何事も丁寧《ていねい》にやるため時間がかかってしまう

こんな方は、意識して鈍感力を身につけるようにしてみてください。

［実践！ 運の免疫アップ］

❶相手の気持ちを考えすぎないようにする、よい意味でまじめに捉えすぎない

❷「未来は誰にもわからない！」を合言葉にして、不安を持ちすぎない
❸ネガティブな想像をし始めてしまっても、無理に打ち消そうとせず、発散を心がける
❹人は人、自分は自分と考え、面倒そうなことに深入りしない
❺褒められたら、「ありがとう！」と素直に受け取る練習をする
❻寝室に鏡がある場合は、不安感を増幅させる恐れがあるため、寝姿を映さないよう布でカバー
❼ポジティブな人や運がよい人と会う

感覚が鋭いということは、大変優れた能力でもあります。豊かな感性を生かしてクリエイティブな活動をしたり、小さな変化に気づきやすいため緻密《ちみつ》な仕事ができたり、人の悩みに気づいてあげることで感謝されたりすることもあるでしょう。ですから、**敏感な自分を否定する必要はまったくありません。**

鈍感力が必要とされるのは、自分のやりたいことを優先するためにです。バランスを意識して、時と場合によっては、鈍感なフリをすることから始めてみてください。

どんなときに、どんな人と、どれくらい関わればよいのかは、直感が教えてくれます。直感力と鈍感力は表裏一体なので、どちらも腸開運で身につけていきましょう。

開運体質に変わる　心の習慣 7

「人の話をよく聞く」

幸運は、外から、他人からもたらされることも多いもの。

素直に人の話を聞く態度は、腸開運につながります。反対に、頑固に人の話を聞かないと、運は滞ってしまいます。

- プライドが高い
- 自分の間違いをなかなか認められない、謝るのが苦手
- 好き嫌いが激しい
- 思い通りの意見やアドバイスじゃないと受け入れられない
- 人をばかにしてしまう

こういう人をネガティブな意味で「我が強い」といったりしますが、実は「我」があるのは悪いことではありません。自分はこう思う、と人にしっかりと伝えられると、運の免疫アップにつながります。

問題は、頑なに自分の意見だけを通そうとしてしまう場合。それでは単なる傲慢《ごうまん》な人になってしまい、他人が運んでくれたはずの幸運も遠ざけてしまいます。

私のところに相談に来てくださるお客様は、皆様とても素直な方が多いと感じます。その分、**開運の効果が出るのがとても早い**のです。

Y・Tさんは、「人生のどん底」というほど何をやってもうまくいかず、原因不明の体調不良にも悩まされていました。私の鑑定を受けるにあたり、「どんな結果でも素直に受け止めて現実と向き合おう」と心に決めていたそうです。

転職活動の真っただ中で、第一志望の企業を受けている最中だった彼女。私は、今の転職エージェントはやめたほうがよいこと、さらに健康状態について気になったことを、正直に伝えました。彼女は驚き、ショックを受けていたようでしたが、本当に素直にアドバイスを実践してくれました。

まず、病院での検査結果は問題ないとされていたけれど、別の病院に行きました。するとある病気が見つかり、治療を始めるとあっという間によくなったそうです。

また、素直に転職エージェントを変えて活動されたところ、なんと第一志望よりもいい企業に転職も成功しました。素直に受け止めて行動することの大切さを痛感した、と、明るく話してくれました。

M・Fさんも、4年ほど前からご縁をいただいているお客様のひとりです。「健康で運がいい人の話を聞くのが一番」と、私のところに何度も来てくださっています。

彼女は本当に素直に、私のアドバイスを腹に落とし込み、即行動しています。素直なため腹落ちが早く、腹落ちしているので迷いがなく、行動が早いのです。

実際、年々健康に、運もよくなってきていると実感されているそうです。さらに、ご自身が変わったとたん、ご主人も仕事がうまくいくようになり、昇進を果たされたとか。健康で運がいい人はいい気を放ちますから、まわりの人もよくなるのは当たり前のことなのです。

人の話にはさまざまな「ヒント」が隠されているものです。あなたが気づかなかった可能性に気づかせてくれることもあるでしょう。

一方で、あまりにも人の話に流されやすいと、運を下げることにつながります。流されやすい人は決断する勇気がなく、自分に自信がないという特徴があります。人の話ばかり聞きすぎて行動していると、いずれ自分がなくなってしまいます。

人の話を聞きすぎるのもよくないし、聞かなすぎてもいけないのなら、一体どうすればいいのでしょうか？

聞くべきときと、我を通すべきときを見極めるには、「話を聞くべき相手」を決めてしまい、その人の話には耳を傾けるようにするといいでしょう。話を聞くべき人は、次のような人です。

- 運がいい人
- あなたが尊敬している人
- 親
- 成功している人
- 信頼できる人
- 育ってきた環境や境遇が似ている人

やはり、うまくいっている人や、自分よりも何かに長けている人の話には、開運のヒントがあるもの。

ただし、あなたを自分の思い通りにコントロールしようとする人の話は聞く必要はありません。「あなたのため」などといいながら、結果を見たらその人自身のために

なっているような場合は、その人とは上手に距離を置いてください（たとえ親であっても）。

また、そういう人によく騙《だま》されたり、うまく使われてしまったりすることが多いならば、自分がなぜそういう人に惹《ひ》かれるかを見直す必要があるでしょう。影響力がある人というのは、魅力があり、話術に長けているため、いつの間にか支配されていることもあります。

会っているときにお腹がシクシクするような人も要注意。腸が拒んでいるのですから、あなたに不利益をもたらすでしょう。

開運体質に変わる 心の習慣 8

「腹式呼吸、瞑想を取り入れよう」

運の免疫力アップで、一番カンタンにできる、とっておきの方法があります。それが**「腹式呼吸」**です。

人の呼吸には胸の周辺で呼吸する「胸式」と、腹部で呼吸をする「腹式」がありま す。この2つの呼吸は、影響を及ぼす神経の種類がそれぞれ違います。

胸式呼吸は交感神経を整え、腹式呼吸は副交感神経（自律神経）を整えるといわれているのです。

ごく単純にいって、交感神経は活動的な働きを、副交感神経はリラックスする働きを持っています。普段の生活で無意識に行っている呼吸は胸式呼吸ですが、寝ているときやリラックスしているときは腹式呼吸が優位になります。

それぞれの呼吸に役割があるため、どちらがいいということはありません。例えば胸式呼吸は、適度な緊張感が必要な場面や、頭や体を動かさないといけないときには役立ちますが、こちらの呼吸ばかりが優位になると、次のような、あまりよくない状態も起こります。

● **緊張感がぬけない、気がぬけない**

- ネガティブ思考になりがちになる
- 神経質、潔癖症になる
- 寝つきが悪くなる

さらに、**緊張状態が続くと、人は呼吸が浅くなります。**すると腹圧が弱まり、体幹が衰えやすくなります。体幹が衰えると、身体のバランスを取りにくくなったり、転びやすくなったりする危険もあります。

そこで、**意識して深い呼吸である腹式呼吸を取り入れるようにしてください。**腹式呼吸には次のようなメリットがあります。

- 集中力がアップする
- ポジティブな思考になりやすくなる
- 心身のバランスがとれる

● 腹の底にたまったストレスが軽減する
● リラックスできる
● 腸が活性化する

深呼吸と共に、お腹にたまった負の感情や、邪念を吐き出すように意識してみましょう。

また、腹式呼吸を使った瞑想もおすすめです。瞑想といえば、座禅《ざぜん》を組んだり、場所を確保したりと、難しいイメージがあるかもしれませんが、手軽にできる方法もあります。ぜひ、次の「ゆうはん式瞑想」を試してみてください。

［実践！ 運の免疫アップ］

◆ゆうはん式瞑想

❶立っているとき、座っているとき、横になっているとき、どんな状態でも構いませせ

ん。一番リラックスできる体勢で両手をおへそあたりに重ねて、お腹を意識して空気を吸いましょう。

❷吸いきったら3秒ほどお腹にためた空気をとめて、口をすぼませて、ゆっくりと吐き出してください。吐き出す際に負の感情や不安、悩みなどをその呼吸にのせて吐き出しましょう。これを3回から5回ぐらい続けます。

深く悩んでいるとき、疲れているとき、リラックスしたいとき、商談や打ち合わせ前などに、ぜひ試してみてくださいね。

開運体質に変わる 心の習慣 9

「1日1回のリラックスタイム、自分の時間をつくろう」

寝てもなかなか疲れが取れない……。

そんな人は多いのではないでしょうか。睡眠の質の低下は、現代人の大きな問題ですが、腸開運にとっても無視できません。

うつらうつらしたまま夜を明かしてしまい、寝た気がしないとか、しっかり寝たはずなのに疲れが全然取れていないとか……。


実は、**睡眠の質は、腸の状態と密接に関わっている**ことがわかったそうです。

女性400人以上を対象に、便通と睡眠の状態についてたずねた調査によると、便秘や下痢などの症状を抱えている人は、そうでない人に比べ、睡眠の質が低いとのこと。実際に、便秘だとお腹が張ったような感じがして、よく眠れないのだと思います。

夜眠っているときや、リラックス状態のときは、副交感神経が優位になります。便意を促《うなが》す腸のぜんどう運動はこのときに起こるといいますから、眠れないとさらに便秘が悪化するという悪循環に陥るのです。腸の健康には、リラックスと、良質な睡眠が欠かせないのですね。


腸と睡眠については、もう1つ見逃せないデータがあります。

臓器ごとに活発になっている時間があるとする「内臓時間」というものがあるのですが、腸が活発になるのは朝の5時〜7時ぐらいだそうです。**つまり、私たちの目覚めと腸の目覚めは同じぐらいのタイミングということ。**腸にとっては、**早寝・早起きが理想のリズム**なのです。朝日と共に起きて、日が沈んだら眠る……昔の人の生活は理にかなっていたんですね。

リラックス状態をつくるため、環境と、心の両面から、アプローチしましょう。

環境面では、寝室を整えることです。眠るための環境づくりはP203を参考にしてください。

心の面では、緊張状態から自分を解放する手段を持つことが大切。ピリピリした交感神経優位な状態から、ゆったりした副交感神経優位な状態に自分を導くようにしましょう。

そのためにも、1日1回、自分のための時間を、30分でもいいのでつくるようにしてみましょう。

［実践！ 運の免疫アップ］

❶寝る前の30分、読書や好きな趣味に費やす時間をつくる
❷シャワーばかりではなく、湯船に浸かる
❸ランチとディナーは好きな人と好きな物を食べるようにする
❹笑う時間を増やす
❺リラックスする空間（リビングなど）は、1日1回以上換気し自然光を入れる
❻リラックスする空間に、人の顔が写った写真やポスター、絵画を3枚以上飾らない
❼ゆうはん式瞑想P85を行う

余計なことを考える余地のない、自分だけのための時間をつくることで、心のバランスが整います。どうしても時間を取るのが難しいときは、好きなブランドや好きなグッズを身につけて、いつでも見られるようにするのもおすすめです。好きなものがそばにあるだけでときめき、なごむ。そんな気持ちを大切にしましょう。

「思いっ切り、泣いたり、笑ったりする」

いつも笑顔の人には、良運がどんどん舞い込みます。笑うことは、ナチュラルキラー細胞を活性化させ、免疫力を高めるといわれています。

ほほえみでも、つくり笑いでも効果がありますが、**腹から大笑いするのが一番。**自然と腹式呼吸になり、腹部の筋肉も動くため、腸が活性化されるそうです。しっかり大きな口を開け、「わはは」とお腹の底から声を出して笑う「笑いヨガ」というものもあるくらいです。

「笑う門には福来る」の言葉通り、笑うことはメリットでいっぱいなのですね。

一方、笑うことだけではなく、泣くことも体にいいってご存知でしょうか？　玉ねぎを切ったときに涙がこぼれるとかではありませんよ！　**感情が動いて号泣するときは、副交感神経が優位になる**そうです。泣くとすっきりするのは、リラックス状態になるからなのですね。

涙は最高のデトックスでもあります。水とともに、悪い気を排出することで、新たな福がやってくるスペースをつくることができるのです。

「ストレスたまってきたな〜」と思ったら、あえて泣ける映画や小説、漫画を見る時間を持つといいですよ。私もよく、YouTubeでペットの動画なんかを見て泣いています。

一番やってはいけないのは、自然にこみ上げてくる感情を抑圧すること。

人前で泣くのは恥ずかしい、みっともないこと、という思い込みは捨てて、思いっきり泣き、笑うと、腸も運も活性化します。

［ 実践！ 運の免疫アップ ］

●感情を表に出すことを恥ずかしがらない
●お笑いを見たり、面白い漫画を読んだりする
●「笑いヨガ」をやってみる
●あえて悲しい映画を見るなどして泣く時間をつくる
●感情を絵や歌で表現する

開運体質に変わる 心の習慣 11

「快楽を罪と思わずに楽しむ」

人の三大欲求は「睡眠欲、食欲、性欲」です。三大欲求をしっかりと満たすことが開運につながります。腸内環境が悪いと性欲が減退する、という研究結果もあるように、腸が悪いと性欲がわいてきません。次のような方は要注意です。

●性に対して恥ずかしさ、後ろめたさがある

- どちらかといえば性的なことに積極的ではない
- 性に対して汚らしいと感じる
- 女性らしさ、男性らしさを出すのが恥ずかしい
- どちらかといえば保守的で受動タイプ

性的虐待《ぎゃくたい》のような性に対するトラウマを持っている方もいますし、いろいろなセクシュアリティがありますので、積極性がないからダメ、と否定するものではまったくありません。ただ、**それを罪と思う必要はないということをお伝えしたい**のです。

日本は、性に対して特に閉鎖的な国柄で、「恥ずかしいこと、いけないこと」と考えている人も多いのではないかと思います。

仏教の教えでは、人は108の煩悩《ぼんのう》を持って生まれるといいますね。だから除夜の鐘はその煩悩を消すために108回突くのです。つまり、煩悩はよくないこと、それを「抑制」することが釈迦《しゃか》になるため、涅槃《ねはん》するために必要な修行だとしているのです。

しかし、人が生まれながらに持っている煩悩がいけないことなら、なぜ存在するのでしょうか。むしろ、私は**この煩悩を楽しく消化するために生が与えられる**と捉えているのです。

芥川龍之介《あくたがわりゅうのすけ》の『蜘蛛《くも》の糸』という作品があります。あらすじはこんな感じです。地獄に落ちた大泥棒カンダタでしたが、生前一匹の蜘蛛を助けたという「善行」のため、天国から一本の救いの蜘蛛の糸が垂れてきます。カンダタはそれにしがみつきましたが、気づいたほかの人たちも一緒に登り始めようとします。カンダタは自分だけが助かろうと、ほかの人たちを落とそうとしたところ、蜘蛛の糸はぷつりと切れ、全員地獄に逆戻り……というお話です。

このお話の教訓としてよくいわれているのは、「自分だけがよければいい、という考えを持つと、天国には行けないよ」というものです。

でも、私はこのように考えています。

もし、天国に行けたとしても、そこが本当に幸せかどうかはわかりません（そもそも、このお釈迦様は本物かもわかりませんよね？）。

本人が地獄だと思えば天国ですら地獄かもしれませんし、地獄にいてもそこが天国だと感じれればそれは天国なのです。

つまりは、自分次第。自分の天国を見つけられればいいのです。

運のいい人は、どんな環境でも「本能」を優先します。わいた欲求を抑えることよりも、その欲求を満たすことを私は素直に考えます。

「ブランドのバッグが欲しい」と思ったなら、「それを買うにはどうすればいいか？」を考え、「こんな欲望を持つのはいけない！」とは考えません。

かといって、カンダタのように誰かを傷つけて自分の欲求を満たすことしか考えなければ、せっかくつかんだチャンスも失ってしまいます。

欲を満たすために食べ続ければ太り、健康を損なうのと同じように、性欲のままに生きて罪を犯す人も後を絶ちません。そうならないように**バランスを学ぶ、つまり中**

庸を探るのが、この世を生きる醍醐味《だいごみ》でもあるのでしょう。

さて、この章では「心の持ちよう」についてお話ししてきました。大事なので最後にもう一度繰り返しますが、「病は気から」。そして、「幸運も気から」であり、「気は腸から」という公式があることがよくおわかりいただけたと思います。

実は、ここまで読んだだけでも、もう運がぐんぐんよくなってきています。なぜなら、自分の体のことを考えたり、どうすれば運がよくなるのだろう？ とアンテナを張ったりしているだけで、生命力は強まり、腸も活性化するからです。

運は、自分のことを大切にしている人が大好き。もっといえば、この本を手に取った瞬間から、あなたの腸開運は始まっているのです。

第3章

「効率のいい開運」のために、自分を深く知る!陰陽五行体質チェック

いい未来を引き寄せるには「選択の法則」がある！

人生は選択の連続です。

朝起きて、今日着るものを選ぶことに始まり、朝食やランチのメニュー、通勤や通学で通る道や、電車の中で読む本、帰りに寄るお店など……。こういった日々の小さな選択から、どこに住むのか？　何を生業とするのか？　誰と結婚するのか？　といった大きな選択まで、選ぶものによって運命が変わっていきます。

選ぶものによっては、「運命のエネルギーロス」といって、せっかく持っている運をムダづかいしてしまうこともあるでしょう。そんなのもったいないですよね。

あなたの人生にとって「何を選べばより開運していけるのか？」を知り、一生「腸開運チョイス」をしていくための、運の基礎体力を手に入れましょう。

そもそも風水とは、人の生活に欠かせない「衣・食・住」を選ぶことともいえます。

インターネットでなんでも購入できてしまいますが、できれば衣食住にまつわるものは、自分の足で探し、手に取ったうえで購入するのがおすすめです。

中でも、人の体をつくり、心身の健康に直結するのが「食」にまつわる選択です。毎日の食事が、あなたの体と、運をつくっていきます。ですから第4章では食、第6章では衣と住についてご紹介するのですが、その前に必要なステップについて、この第3章でお話しさせてください。

腸開運につながる選択をするうえで重要なこととはなんでしょうか？

1つは「自分に合うものを選ぶ」こと。そのためには、「自分はこういう人」と深く知ることが必要不可欠です。

そしてもう1つは、「バランスを知る」ことです。これを食に例えてみましょう。

私たちの遺伝子が一人ひとり異なるように、体にいい食べ物も一人ひとり違います。ある人にとっては健康を増進する食品が、ある人にとってはアレルギーになってしまい、健康を損なうことがあるように。テレビで、「この食品が健康にいい」といえば、みんなが一斉に飛びつき、スーパーの棚がからっぽになってしまう、なんてことがありますよね。しかし、誰にとってもいい食べ物などというものはないのです。

また、いいものだからといって、たくさんとるほどいいということもありません。「中庸」という考え方についてお伝えしましたが、すべては少なすぎても、過剰でもよくないのです。バランスが大切、というのはこのような理由です。

とりすぎは、単純に肥満になるだけではなく、思わぬ弊害《へいがい》をもたらすこともあります。

私は子どものころから甘えびが大好きなのですが、好きだからと食べすぎた結果、大変なことになってしまいました。ある日、甘えびを食べたら体にじんましんが出てきました。息苦しさまで感じるようになり、病院に行ったところ、えびアレルギーになっていたことがわかりました。そのうち生蟹《がに》までも反応が出るようになり、好物の生の甲殻類《こうかくるい》すべて食べられなくなってしまったのです！

体は本当に賢くて、「これ以上とったら毒になってしまう」と、アレルギーという

手段で反応したのですね。大好きな食べ物を今後一生食べられなくなるなんて、こんなに悲しいことはありません……。

そもそも、体を壊すほど過剰にとりすぎてしまうのは、幸福感という「報酬」を得るため食欲に走ってしまう、脳の影響だともいわれています。嫌なことがあると、お腹が空いていないのにたくさん食べてしまった経験、あなたにもあるのではないでしょうか？　ダイエット中、ストレスの反動で過食してしまい、リバウンドするなんてことも……。

その点、腸は、体を健やかに保つようまじめに働いていて、食べすぎたり、体を壊すものが入ってきたりしたら、下痢を起こして排出してくれるのです。腸の声にしたがえば、きっと健康でいられるのでしょうね。

実は、運を開く方法も、本当はすべての人の心と体が知っている、と私は思っています。

シンプルに「快」と感じることをすれば、最高に幸せになれるはずなのです。たとえまわりの人が否定したとしても、「美味しい」「素敵」「嬉しい」と快を感じるセンサーにしたがって行動し、不快に感じることは追わないようにする。これが、最短で最良の選択をするカギです。

しかし、現代は情報があふれており、多数決や数字によって、「常識」が決められています。

無意識に、世間で支持されているほうを選んでしまうため、心から満たされることが減り、「快」のセンサーがどんどん鈍っていくのでは……と思います。

人の脳は高度に発達しすぎたため、まったく考えないということは難しいでしょう。そこで、科学や医学、占いなどさまざまなアプローチを活用して、まずは自分を深く知ること。そして、納得したうえで対策を考えるのが、現代人にとって一番の腸開運への近道なのです。

自分を深く知ろう

自分自身を深く知るための手段はたくさんあります。

例えば占いで、ラッキーアイテムやラッキー行動をチェックしている人は多いと思います。**でも占いのそもそもの意義は、星座や生年月日からまずは自分自身を知り、それから自分に合った対策を講じる**、という部分にあります。「何をすればいい」という結論だけではなく、その根っこにある**「あなたはこういう傾向がある人だから」という部分が実は大切**なのです。

未来はどうなるかわかりません。でも、あなたという人がその未来を経験することは確実です。だったら自分の傾向を知り、対策を考えよう、というのが開運への道。医学も同じで、その人はこういう症状が出がちだという傾向がわかれば、ある程度ほかの病気も予防することが可能です。

とりわけ腸開運においては、自分の体について知っておく必要があります。

そのための手段はいろいろありますが、その中でも遺伝子検査や人間ドックなどの健康診断は、自分を深く知るのに大変役に立つでしょう。

最近は生まれ持った体質を遺伝子検査で知ることで、事前に予防する医療が注目されています。もちろん絶対ではないのですが、先祖から受け継いだ遺伝子の持つ情報からわかることは多いはずです。

知らないせいで不安になるよりも、知ることで安心を得てしまいましょう。 積極的に自分の体の情報を取り入れることで、次のようなたくさんの運アップのメリットがあります。

- 事前に体質を知ることで予防ができる
- 自分に合った食事やサプリメントがわかる
- 基準値を超えた数値があれば、整えようと意識が切り替わる
- 何らかの改善策を講じて、効果が表れると自信につながる

余談ではありますが、私自身、遺伝子検査を行ってさまざまなことがわかりました。

1つは、ダイエットがなかなかうまくいかず、遺伝子の肥満型を調べたところ、なんと今までのダイエット法がまったく合っていなかったことがわかったのです。

私の肥満型は「バナナ型」というもので、太りにくいものの、一度太るとなかなかやせにくいタイプのようです。バナナ型のダイエットには適度な筋トレが必須で、同時にタンパク質を多くとることが大切だと知りました。

一般的にダイエットによいといわれている有酸素運動をしても糖質制限をしても結果が出にくかった理由がよくわかりました。私は甘いものが大好物なので、やめるのではなく、タンパク質である卵が多く入っているものを選ぶようにしたり、カンタンなストレッチをしたりとゆるいダイエットに切り替えてみました。すると、体重はそこまで変わらなかったものの、体脂肪が少し減り、筋肉量が増えたのです。

さらに面白かったのは、ミトコンドリアDNAが「M7」グループというものだったことです。これは、私の母系が縄文人だったことを示しています。北国生まれなのに、南国に惹かれる、海に惹かれる、日本に来日していることなど、「だからか！」と納得したものです。納得すると確信に変わり、迷いがなくなるので行動力もアップします。

深く納得して行動を起こすことは、最高の開運方法です。

自分を知るためには、こんなこともおすすめです。

●自分の名前の意味を親に聞いてみる
●家系図をつくってみる
●鏡を見る回数を増やす、家のいたるところに鏡を置く(合わせ鏡にならないよう注意)

さらに、自分を知るために有効なツールとして、「陰陽《おんみょう》五行《ごぎょう》体質チェック」をご紹介します。このチェックを生かすのが腸開運に「体」からアプローチするキモとなります。

世界の「成り立ちの秘密」を教えてくれる陰陽五行思想とは

陰陽五行体質チェックの根拠となる、「陰陽五行思想」とはそもそもどのようなものでしょうか？　少し難しい言葉も出てきますが、知っていると世の中の見え方が変わるといっても過言ではありません。

この考えが腹に落ちているかどうかで効果も変わってきますので、ぜひ理解しておいていただきたいと思います（それより早速体質チェックをやってみたい、という方は、Ｐ117にお進みください）。

成り立ちについては諸説ありますが、「陰陽思想」が先にあり、「五行思想」が後からあらわれ、後に2つの思想が合わさって陰陽五行思想になったとされています。

紀元前400年前の春秋戦国時代に「諸子百家《しょしひゃっか》」という思想家たちが現われました。有名な孔子《こうし》や、孟子《もうし》もこの諸子百家です。

その中に、陰陽家と五行派が存在していましたが、陰陽家の鄒衍《すうえん》という人物が、五行思想と陰陽思想を融合させて陰陽五行説を確立したとされています。

「陰陽思想」は陰陽二元論ともいわれます。その名前の通り、陰と陽、相反する2つの要素の相互関係でこの世の真理を説こうとするものです。

陰と陽とは、月と太陽、男と女、火と水、光と闇、朝と夜、動と静といった、反対の属性を持つ2つのものです。

世界がずっと夜だけということも、ずっと朝だけが続くということもないように、このバランスの上で森羅万象《しんらばんしょう》が成り立っているという考え方です。

先に紹介した陰陽図（P49）でも、黒の中に白い部分があり、白の中にも黒の部分があったのを思い出してください。

一見するといいことが悪いことに変わる場合もありますし、悪いように見えていい結果に終わる場合もあります。例えば、一番入りたかった会社に受からず落ち込んでいたら、そのあと思いがけずもっとよい会社に受かる、なんてこともあるでしょう。

物事はただ一方だけで見て判断することはできないのです。

人の身体にも陰陽バランスがあるといわれています。身体が冷えすぎても、逆に熱すぎても、健康バランスは崩れてしまいます。そのためにさまざまな身体機能で「体温調節」をしているのです。東洋医学では、

● 陰体質 ＝ 冷え性気味の方
● 陽体質 ＝ 体内に熱をこもらせてしまう方

と大きく分けて、それに合った漢方を処方したり、食材の指導をしたりします。

万物の「バランス」はどう決まっているのか

「五行思想」のほうはどういうものでしょう。

これは、万物はすべて「木《もく》・火《か》・土《ど》・金《ごん》・水《すい》」の5元素で成り立っているという説です。この5元素もまた、**各要素が互いにバランスを取らないと崩れる**、という面では、陰陽思想によく似ています。ただ、こちらには「相生《そうしょう》・相剋《そうこく》・相洩《そうえい》」といい、**要素同士の相性のいい、悪いという概念があります。**

「陽極まって陰となり、陰極まって陽となる」が有名な定説です。

相生の循環とは次のようなものです。

万物の成り立ちを説明する「五行思想」の図

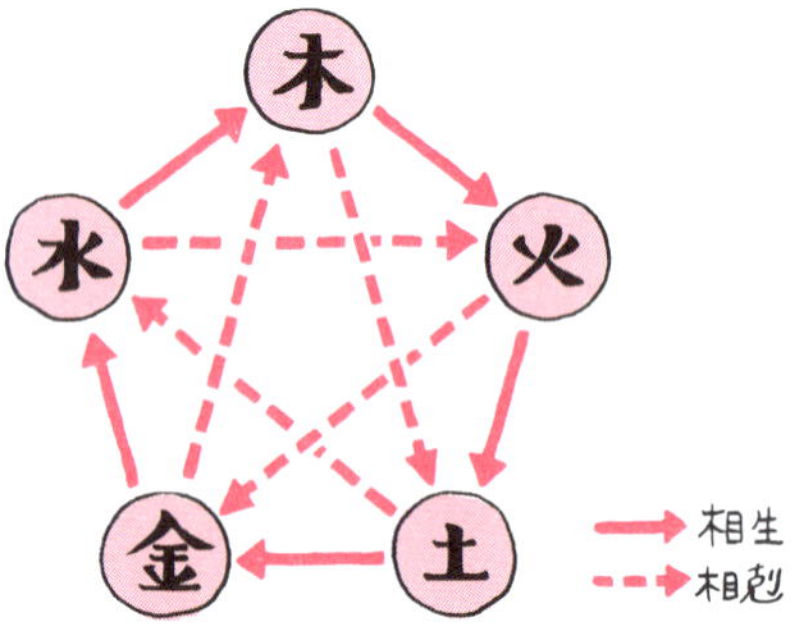

「木は火によって燃やされると炭になり、その炭は土の養分となり金を生み出し、水で洗われて金は光り輝き、水によって木は育つ」

早い話が、互いを活かし合う関係ということですね。ただしこれもいくら相性がよくても過分になると「相洩」といわれ、バランスが崩れる原因となります。

一方の相剋はどうでしょうか。

「水は火を消し、火は金を溶かしてしまい、金は木を伐り、木がたくさんあると土が崩れ、土は水を汚し泥となる」

こちらはつまり互いを殺し合う関係ということ。ただ、長年風水を研究してきて、この関係は「互いにないものを補い合う」という再生の意味もあるな、と考えています。

五行思想は、暦や周期、季節、方角、形状や色といった世の中のさまざまなことを説明するのに用いられ、政治、祭事、占い、医療、料理などを考えるときのベースになっています。

身近な中華料理に秘められた「健康の極意」とは？

陰陽や五行の考え方を取り入れた意外なものが身近にあります。なんだと思いますか？

答えは、中華料理です。

食材や調理法を「相生」や「相剋」に当てはめ、互いの栄養を増幅させたり、消し合ったりしないようにと数千年の長きに渡って研究されました。**まさに、医療と食の本質は同じとする「医食同源」を実現しているのが中華料理**なのです。中華料理をはじめ、東洋医学の考え方では、食べ物すなわち薬であり、そこに明確な区分はありません。病院で処方される錠剤や粉薬だけが薬ではないのです。

ふだん何の気なしに食べているチャーハンや酢豚には、そんな背景があっただなんて、驚きますよね。

私も子どものころから、季節の食べ物を食べると健康増進になるとか、体調を崩したときは生まれ故郷の食物や、小さいころによく食べていたものを食べるとよくなる、と聞かされて育ちました。

腸内環境は3歳まである程度決まるという説に当てはめるなら、生まれ故郷の食べ物が体に合うという考えは理にかなっています。

中華料理の成り立ちは、中国の気候や風土を知るとよくわかります。大きく分けて北と南では、食べられているものが異なります。寒い地方は、食物を蓄えておかないといけないため、保存食や発酵食が盛んに古くからつくられてきました。寒いですから天然の冷蔵庫みたいに保存もききますね。

一方、暑い地方では生で食べられるものも多く、砂漠のような不毛地帯をのぞけば、作物がなくなるということは少ないでしょう。ただし、温度が高くて逆に食物の保存がきかずに腐ってしまうこともありますね。

私が生まれ育った中国東北部黒龍江省《こくりゅうこうしょう》ハルビンは、冬は零下30度、夏の時期は涼しく短いという風土です。5歳までそこで育ったわけですから、寒い地方の食生活が体になじむのです。

主食も異なります。中国は大きく分けてロシアに近い東北部は「小麦文化」、南部は「稲作文化」と、主食で分類されるのです。餃子《ぎょうざ》発祥の地とされるハルビンの「ハルビン水餃子」は、ロシアのペリメニからきているともいわれています。日本は稲作文化ですから、やはりお米は体になじむということになりますね。

ちなみに中国では味付けも、東北部は「甘い・酸っぱい」、南部は「辛い・しょっぱい」と特徴があります。

中華料理は体を温めることを重視しています。

腸開運にも体を温めることは欠かせません。冷えは運気の巡りを滞らせますし、「冷えは万病のもと」という言葉があるくらい、健康にとっていいことは1つもありません。

そのため中国人には、冷えたもの、生ものを食べる習慣がほとんどないのです。体の芯を冷やさないように、「火」のエネルギーでつくったものを食べることが基本。そして**体を温める陽性の食べ物を選んで食べます。**

特に、夏に実がなる食材は体を冷やします。そのため、「トマトと卵の炒め物」「キュウリと卵のスープ」「麻婆茄子《マーボーなす》」「レタスチャーハン」のように、夏野菜に火を通したメニューが多いのです。冬に実がなるものは体を温めますから火を通さないで食すこともあります。

東北では「涼菜《リャンツァイ》」といって冬になる白菜をつかったサラダが名産でもあります。白菜がよく取れる地域でもあるので、保存食として発酵させて海鮮などと煮込んだ「酸《スワン》菜《ツァイ》」も名物です。白菜は冬に生で食べても、火を通して食べても、体を温めるといわれるのは、白菜そのものが陽性だからといえるでしょう。

南部の暑い地域はどうでしょうか。こちらも「暑いから体を冷やす」という考えではありません。**「体にたまった熱を発散させる」**という発想です。発汗を促し、汗で体の余分な熱を取るのです。

そのため「辛い」唐辛子《とうがらし》や山椒《さんしょう》などが必ず料理に入っています。唐辛子は夏や暖かい気候の地域になるもので、寒い地方にはならない陰性の食べ物です。

唐辛子を食べると、体がカッと熱くなり、汗が出て、あとは涼しくなりますよね。こうすることで、暑い気候に適した体ができるのです。体内に熱をこもらせがちな陽体質の方に、唐辛子が適している理由がおわかりいただけたと思います。


あらゆる食材がいつでも手に入る現代では、季節の食べ物といってもピンとこないかもしれません。また、生まれ育った地域の、特色ある食事もよくわからないかもしれませんね。

そんな方もぜひ「陰陽五行体質チェック」で自分に必要なものを知って、取り入れてみてください。

陰陽別体質チェックをして自分の体質を知ろう

まず、あなたに宿っている陰陽バランスの体質チェックをします。生まれ持った特徴、体質からあなたが陰タイプなのか、陽タイプなのかを知りましょう。

［陰体質］

□やせ型　□背が高い　□肌質は柔らかくモチモチと色白しっとり
□筋肉が細く体力がない　□骨格も細め　□眼は大きく丸い
□鼻筋は通っている　□唇は薄め　□面長や逆三角形顔
□小さい声で話すのがゆっくり　□手足が冷たい　□平熱が35度台
□貧血気味　□低血圧気味　□指は細く長く華奢《きゃしゃ》
□耳は横に張っている　□首は長細い　□髪質は柔らかくて多め
□なで肩　□マイペースなタイプ　□疲れがとれにくくだるい

□どちらかといえばネガティブ思考　□自信がない
□不安症だ　□風邪をひきやすい　□むくみやすい
□体にあざができやすい　□眼の下にクマができやすい

［陽体質］

□豊満型　□背が低い　□肌質は色黒で赤味が強く乾燥肌
□アトピーを持っている　□筋肉質で体力がある
□骨格はがっしりとしっかりしている　□眼は小さめで細い
□鼻は低くて団子鼻　□唇は厚め　□丸顔や四角顔
□大きい声で早口　□ハスキーボイス　□体は温かく体温が高い
□貧血になったことがない　□高血圧気味　□指は太く短い
□耳は頭にくっつくようにそっている　□首は短く太め
□髪質は硬くて少なめ　□肩はいかり肩
□行動力があり体力があるタイプ　□どちらかといえばポジティブ思考

□物事を深く考えない見切り発車型　□自信に満ちている
□明るくはきはきとしている　□よく食べる
□首や肩がこりやすい　□肌荒れや吹き出物ができやすい

陰の部分、陽の部分、どちらが多かったでしょうか? これもやはりバランスがよいほうがいいのですが、陰7、陽3のように、どちらかにチェックの数が偏っていると、不調が起こりやすくなります。

例えば、特に多くの女性が悩まされがちな「冷え」は、陰性の大きな特徴であり、いろいろな病気を引き起こすことはご存じかと思います。しかし一方で、陽性の「身体に熱がこもる」特徴もまた、病を招く恐れがあります。

体質と心の質は連動しており、体力があまりない陰性に偏りがちな人は、よくいえばマイペースではありますが腰が重い傾向にあります。

逆に陽性に偏りがちな人は好奇心旺盛な一方、「あれもこれも」と落ち着きがない傾向にあります。**どちらの特徴も状況によって使い分けられるようになることで、運の免疫アップにつながります。**

五行別体質チェック

陰陽別体質チェックであなたの傾向がわかったなら、応用編の五行別体質チェックで、さらに自分の体質を詳しく知ってみましょう。

東洋医学思想に基づいた五行「木、火、土、金、水」は、人体の五臓六腑《ごぞうろっぷ》と連動しています。

中国では漢方薬を処方するときにも、この考え方を取り入れています。陰陽、そして五行別の体質チェックをしながら、その人に合った漢方薬を提供し、食事や、意識、習慣のカウンセリングをするのです。

では、あなたに当てはまる項目をチェックしてみましょう。

［木《もく》］

□ストレスをためやすい、感じやすい
□アレルギー体質
□束縛が嫌いで自由が好き
□酸味がある食物や柑橘《かんきつ》系などが好き
□好き嫌いが多く、白黒はっきりしている
□肌がどちらかといえば黄色か色黒
□眼精疲労がある、眼に持病がある、視力が悪いなど、眼のトラブルがある
□疲れがたまると肩こりや頭痛が起きる
□便秘、または下痢気味である
□褒められるのが好き

［火《か》］

□感情の起伏が激しい、論理よりも感情を優先しがち
□行動力があり、せっかちな面がある
□決断は早いほう
□高血圧、または動悸息切れしやすい
□苦みのあるもの、コーヒーやチョコなどが好き
□自分が好きで優先しがち、他人にはあまり興味がない
□分け隔てなく人と付き合える
□面倒くさいことが嫌いで、楽しいことが好き
□緊張したりストレスを感じると腹部が痛くなったり、消化不良で下すことがある
□睡眠不足、寝つきが悪い、寝ても疲れが取れにくい

［土《ど》］

□頑固で自分の考えを曲げない
□我慢強く、感情を抑えてため込みがち
□肌荒れや吹き出物ができやすい
□運動があまり好きではない、運動不足を感じる
□甘いものが好き
□マイペースで腰が重い傾向がある
□穏やかでおとなしい、口数が少ない
□感情よりも冷静に、道理や論理を優先する
□人によく相談される、聞き上手といわれる
□風邪をひきやすい、いったんひくと治りが遅い傾向にある

【金《ごん》】

□鼻炎、気管支炎や呼吸器系に持病や違和感がある
□歯が弱い、虫歯になりやすい

□辛いものやスパイスがきいたものが好き
□個性的といわれる、自覚がある
□直感力があり頭の回転が速い
□プライドが高く負けず嫌い
□人にどう見られているか気になりがち
□高級嗜好でブランド品も好き
□自信がある、自分は運が強いと感じる
□パワフルで行動力があり好奇心が旺盛な傾向

［水《すい》］

□冷え性でむくみやすい
□生殖器や婦人科系の持病がある
□体力がなく風邪をひきやすい、免疫力が低いと感じる
□人の話に流されやすい、騙されやすい

□不安や悩みを抱えやすく、後ろ向きに考えてしまう傾向がある
□柔軟性があり、おおらかだ
□幼少期や若いころに苦労をしてきた
□感受性が豊かで、人の気持ちにも敏感
□低血圧で血流が悪い
□耳鳴り、眩暈《めまい》がたまにある

さあ、一番チェック項目が多かったのはどれでしょうか?

例えば、「木に4つ、火に2つ、土に3つ、金に5つ、水に7つ」チェックがついたなら、「水の気質が強い」のように判断します。もし同数のものがあれば、どちらの気質も持っている、と考えてください。

これをもとに第4章であなたの体質に合ったパワーフードを参考にして、取り入れてみましょう。

コラム

ローフードやスーパーフードは、陰・陽どちら？

現代では、健康にいいとされるさまざまな食事法が生まれています。

糖質制限や、タンパク質中心のMEC食（肉・卵・チーズを摂取する食事法）、スムージーや酵素ジュース、ローフード（加熱されていない生の食べ物）やスーパーフード（栄養価が非常に高い食品）など……。

ちなみに、私自身もすべて試してみました。しかし、糖質制限では抜け毛が増えて風邪をひきやすくなりましたし、MEC食はコレステロール値と中性脂肪値が上がってしまいました。

やはり、どれも偏りすぎると体調不良を起こすのだな、というのが実感です。

陰陽でいえば、ローフードは陰性で、スーパーフードは陽性のものが多いです。

そうなると、陰性の体質ならスーパーフードを補えばいいと思うかもしれませんが、

実は、陰性の人はスーパーフードを消化し、それをエネルギーに変えるだけの土台

がそもそも足りないため、合わないのです。

一方、陰性の人がローフードを摂ったら陰性を強めてしまうからよくないかと思いきや、逆に相性がよく、吸収・エネルギーに変換しやすいということもあります。陽性の体質であれば、陽の作用を抑えるためにローフードを適度にとり、必要があれば適量のスーパーフードでエネルギーを補ってもよいでしょう。

ちなみに、腸にいいとされる酵素ジュースですが、中華料理の考え方では身体を冷やすため、たくさん飲むのはおすすめしません。

かといって、火を入れたら酵素が死滅してしまいますから悩ましいですね。

流行を取り入れてみるのもいいのですが、やはり、自分に合ったものを選んでいくのが正解、ということになるでしょう。

第4章

食べ物が人生を変える！腸開運パワーフード

腸開運パワーフードでいいことが立て続けに起きる

運の免疫力アップの底上げに欠かせない「衣・食・住」。本章ではまず、もっとも重要な「食」についてお伝えしていきましょう。

腸にいいのはもちろんのこと、心身の「気」を高めてくれて、さらに金運アップや恋愛運アップのような嬉しい開運効果までもたらしてくれる食材――

名付けて、「腸開運パワーフード」を紹介します。

「えっ。高級食材や、近所のスーパーでは手に入りにくい珍しい食材？」と思ったあなた、どうぞご安心ください。実は、ほとんどの「腸開運パワーフード」は、日ごろ誰もが口にしているものばかり。

「これがパワーフードだったの？」と驚かれることでしょう。

ただし、もうおわかりかと思いますが、パワーフードなら誰にでも合うというわけではなく、ご自身の体に合うものを選ぶ必要があります。体に合わないものを取り続けると体調を崩すこともありますし、いくら合うからといってたくさん食べればやはり体によくありません。

第3章の陰陽五行体質チェックでご自身の体の状態を知ったうえで、読み進めてくださいね。

食べ物は、体を温める作用のある「陽」の食べ物と、体の熱を発散する「陰」の食べ物に分類できます。おおまかにいって、**「陰体質の人は陽のパワーフード」**を、**「陽体質の人は陰のパワーフード」**を取り入れることで、体内のバランスが整い、**「中庸」**に近づきます。

反対に、体が冷えている陰体質の方が陰性パワーフードばかり食べると、ますます体は冷えてしまうことに……。

体を冷やす食材が何か？　反対に、温める食材は？——きっと、あなたもなんとなく気づいているはずです！

例えば、こんな食材があります。

● 陽の例——肉類、梅干し、ごぼう、にんじん、しょうが、塩、醤油《しょうゆ》

● 陰の例——キュウリ、なす、レタス、トマト、バナナ、すいか

どうですか？　寒いときにはしょうが湯を飲んだり、根菜たっぷりのお鍋を食べたりなど、なんとなくでも取り入れている、という方が多いのではないでしょうか。反対に、トマトを食べると体が冷えるという経験もあるかもしれません。

野菜は、大きく分けて暑い季節や暑い国でとれるものが「陰」、寒い季節や寒い国でとれるものが「陽」の性質を帯びます。

ただ、面白いのは、**陰性のパワーフードも、陽性の調味料を使って仕上げれば中庸**

に変身することです。

お塩、醤油、しょうがなどは強い陽性ですから、これらを使って味付けするだけでも陰性の食材が中庸になりますし、陽性のパワーフードと一緒に調理をするのもよいですね。ただし、調味料を使いすぎるとバランスが崩れるので、ほどほどが大切です。

一方、陽性のパワーフードは、陽性の調味料と掛け合わせることで強い陽性になるので注意が必要です。元気が欲しいとき、覇気が欲しいときにはよいのですが、体調を崩しているときは、食品の強いパワーに体が追い付かず、かえって悪化させることがあるため、控えたほうがよいでしょう。

さらに、食べ物は概《おおむ》ね次のように、五行にも当てはめることができます。

木――青（緑）、酸味　レモン、セロリ、りんご、トマト、ぶり
火――赤、苦み　コーヒー、ゴーヤ、色の濃い野菜、みょうが、春菊
水――黒、鹹味《かんみ》（塩辛い）　塩、黒ゴマ、海藻《かいそう》、味噌《みそ》、のり、あさり

金――白色、辛味　大根、高野豆腐《こうやどうふ》、にんにく、しょうが、ねぎ、パン

土――黄色、甘味　さつまいも、かぼちゃ、牛肉、鶏肉、豆腐

例外もありますが、シンプルに食べ物の色をベースに区別できるものも多くなっています。

ここで、第3章の五行別体質チェックの結果を思い出してみてください。

例えば、あなたが「木」の傾向が強い体質なら、木の象徴である「青」と「酸」を意識してとりましょう（なお、五行の青は緑色も意味します）。

「酸」は、酸っぱいものを意味します。木のタイプの方は酸っぱい味が好みということもありますし、酸っぱい味の食品と相性がよいともいえます。とはいえ、好きだから、ととりすぎていることもありますので、その場合は減らすことも必要です。

つまり、自分のタイプに足りないものを補うことはもちろん、**過剰な傾向のものは逆に食べる量を減らす**、という考え方です。

このように、味の好みから、あなたの体が五行のどれに偏っているか？　ある程度知ることもできるのです。例えば甘いものが好きで、白米やパンなどをよく食べる方は、「白（金）」に偏っていることがわかります。

陰陽五行と食品をすべて理解して、覚えようとすると、とっても大変です。赤いトマトがなぜ青（木）なの？　お肉は赤（火）じゃないの？　と、混乱してしまうのですよね。

そこで、「ゆうはん流五行食品の選び方」もお伝えしますね。**この方法はとてもシンプルで、食材そのものの色を気にするだけでもＯＫ**というものです。

元気が欲しいときは赤色やオレンジ色といった暖色系の食材、イライラしていたり、冷静になったりしたいときは青みのある色や黒といった寒色系の食材をとる、といった方法で**色のパワーを生かすことができます。**

補色（反対色）関係にある食材をとることで、自然と相剋関係をつくり出すこともできます。

相剋は、互いに打ち消してしまうというより、強すぎるところをマイルドにし、足りないところは補い合うという関係になります。

例えば、赤色の食品をとるときは、補色の緑色の食品も一緒にとるようにしてください。ステーキにレタスのサラダを合わせるとか、まぐろのお刺身にシソを添えるといった方法です。美味しく、色合いが美しい組み合わせを選ぶだけで、実はバランスが取れるのですね。

とはいえ、もっとシンプルに「体が冷えているから陽性のパワーフードを取ろう」と気をつけるだけでも十分です。

次の「腸開運パワーフード」の紹介では、あなたの体質に合うかどうかが一目でわかるようになっています。陰陽五行体質チェックでわかったあなたの体質に合う食品かどうか、食品ごとに示してあります。例えば、陰体質なら陰、木体質なら木と示されている食材が体に合うことになります。

白湯

【陽性パワーフード】

陰
陽

木
火
土
金
水

私たちにとって欠かせないもの、それはお水です。年齢にもよりますが、人体のおよそ60％は水分でできています。

すべての生物の源も海にあるのですから、生命と水は切っても切れない関係にあります。体に取り入れるお水の質にもこだわりましょう。

ミネラルウォーターを飲むのはもちろんいいことです。ただし、注意してほしいのは、**水自体は陰性なので、そのまま飲むと体を陰に偏らせる**という点。

そこでおすすめするのが、「火」で過熱をした陽性の「白湯」です。

陰性のパワーフードは火の魔法をかけることで陽性になります。

我が家では必ず朝起きたら白湯をコップ1杯飲むのが習慣ですが、朝の白湯は体を温めて覚醒《かくせい》させる効用があります。胃腸も活発になり、老廃物のデトックスも促してくれていいことづくめです。

白湯というと、沸騰《ふっとう》したお湯をふうふうしながら熱いうちに飲む、というイメージがあるかと思いますが、水の浸透力を高めたいのであれば、沸騰させたお湯を体温より少し高いぐらいに冷ましてから飲むことをおすすめします。体温に近いほうが、優しく体に負担なく浸透していくからです。完全に冷めてしまうと陰性に戻ってしまいます。

意外にも、白湯は強運体質になるための最強パワーフードです。なぜなら、「火（カ）」の力で「水（ミ）」が熱されることで、「神（カミ）」になるため、ご神水ともいえる力を秘めているからです。目覚めの1杯で神様の気をいただきましょう。

ココア

【陰性パワーフード】

陽

火
土
金

意外に思われるかもしれませんが、ほっこりと温かいココアは陰性のパワーフードです。厳密にいえば、ココアの原料であるカカオ豆が陰性のパワーフードなのです。

カカオ豆は、熱帯気候のコートジボワールやガーナが主な原産国です。暑い季節に実がなるものや、暑い国でできる果実は、ほとんどが陰性の食材です。なぜなら、暑さをしずめる食物ができやすいからです。

水と同様、陽性の火の魔法をかければ陰性が弱まり陽性になります。つまり、温かいココアはすでにパワーを授かるのにベストの状態なのです。

また、ココアにはポリフェノールが大量に含まれています。これには、血圧を下げたり、血流をよくしたりする作用があるばかりではなく、しみやしわをはじめ老化の原因となる活性酸素も抑制します。健康にも美容にもよいスーパーフードなのです。

ココアはもともとカカオを加熱焙煎《ばいせん》処理してできていますので、苦みが苦手でも楽しむことができます。できるだけ白砂糖が含まれていない純ココアをチョイスしましょう。

加えて、ココアに含まれる食物繊維が便通を促すため、腸を元気にしてくれる食品でもあります。白湯で溶いてそのままでも、甘さが欲しければ、腸の動きをよくするオリゴ糖を加えればさらによし。フランスではココアは「ショコラ・ショー」つまり、ホットチョコレートとしてカフェに必ずあります。フランス人の朝の1杯にはコーヒーと同じぐらいココアが飲まれているのです。

フランス人のように、ココアは朝飲むのがおすすめ。デトックスにも、眠気覚ましにもなりますし、甘い香りで幸福感もアップします。ハッピーを引き寄せるポジティブ思考で、最高の1日をスタートしましょう。

チョコレート

【陰性パワーフード】

陽

火
土
金

チョコレートもまた陰性パワーフードの代表です。ココアと同じカカオ豆が原料で、作り方も途中までは同じなのですが、「ココアバター」という脂肪分を取り除くとココア、逆に加えたものがチョコレートとなります。カカオ・ポリフェノールのさまざまな健康効果は、あなたも一度は聞いたことがあるでしょう。

チョコレートは、特に疲れたときに一粒食べるだけで元気が出るほど強いパワーを持つ食品でもありますし、カカオの香りには、集中力を上げ記憶力を高める効能まであるともいわれています。できれば、白砂糖や植物性油脂が多く含まれたものよりも、**カカオ含有率70％以上のビターチョコレートをチョイス**するのがおすすめです。

ただし、食べすぎにはご用心。

カカオの学名はテオブロマといい、ギリシア語で「神の食べ物」を意味します。神秘的な力を持つものとして重宝されており、儀式などにも用いられていたといいます。チョコレートは、食べるだけで金運アップが叶《かな》う陽開運フードでもあります。常に脳を使うため、その疲労回復に最適だからか、お金持ちにはチョコレートを食べている方が多いですね。

りんご

【陽性パワーフード】

陰

木 金 水

「禁断の果実」ともいわれ、神話やおとぎ話でもストーリーのカギを握るりんご。つややかな赤色が、木々のグリーンにも映えるこの美しい果物は、見ているだけで幸福になります。

冬に実がなる陽性パワーフードですが、カリウムが多く含まれるため、生で食べると陰性の性質が出ます。ですから、陽性のパワーを引き出すには加熱して食べるのがおすすめです。「りんごを食べれば医者いらず」というほど栄養価の豊富な果物でもありますが、加熱しても栄養が損なわれにくいので、その点からも問題ありません。

ところで、りんごのようなバラ科の果物は5弁の花びらを持ちます。実はこの5弁を持つ植物は母性を象徴しており、このような果物は、子を養う母のように、私たちに豊かな栄養を与えてくれるとされています。ほかにも、桃、梨、さくらんぼ、苺、びわ、梅、プルーンなども同じ仲間です。

さらに、りんごにはペクチンという水溶性食物繊維が豊富に含まれています。ペクチンは善玉菌を増やして、腸内環境を整えてくれます。さらにセルロースという不溶性食物繊維も含まれており、こちらはあなたの腸内をお掃除してくれます。腸にとってダブルの効果があるといえるでしょう。

りんごの赤は、勇気、覇気、やる気といった「気」を高めてくれる赤。色のパワーを十分取り入れるために、しっかり洗って皮はむかずに食べるのがおすすめです。母性の強い果物をとると、女性性アップにもつながります。

シナモン（桂枝）はりんごパワーをさらにアップしてくれるので、りんごを加熱してシナモンをかけていただく焼きりんごや、アップルパイなどもいいですね。

さつまいも

【陽性パワーフード】

陰

木

土

水

秋冬の味覚の代表といえば、ホクホクのさつまいも。土の養分をたっぷりと吸って甘さも繊維質も豊富な陽性パワーフードです。加熱をしてもビタミンCが壊れにくいのが特徴で、豊富な食物繊維でお腹にたまった老廃物のデトックスも促してくれます。ポリフェノール、β-カロチンが含まれており、アンチエイジングに効果があります。女性に嬉しい美容成分もたっぷり入っているため、私は「土の女神」と呼んでいるくらい。

また、洗ったときに出る白い汁はヤラピンという成分で、胃腸の粘膜《ねんまく》保護、腸の動きを活発にする成分も含まれます。

見逃してはいけないのが、その色。**さつまいもの紫と黄色のコントラストは、実は「金運」にもよいカラー**なのです。一石二鳥の開運パワーフードなんですね。

生の状態では陰性の物質であるカリウムが多く含まれるため、過熱をして陽性パワーを強めてからいただきましょう。シンプルに蒸したり、焼いたりするだけでも十分ですが、りんごとの相性もバツグンなので、アップルポテトパイのようなデザートをつくるのもよいでしょう。できるだけ、皮ごと食べるのがおすすめです。

きのこ類

【陰性パワーフード】

陰

木
土
水

「森の妖精」――私はきのこのことをそう呼んでいます。森の自然の中でひっそりと

育つきのこは、香りもよく、見た目も多種多様でかわいらしいですし、なにより私たちにたくさんの恵みをもたらしてくれるからです。

含まれるビタミンはきのこによってさまざまなのですが、共通するのは豊富な食物繊維を含むことです。この食物繊維が、腸内をきれいにお掃除してくれます。毎日継続的に適量を食べることで、腸内環境の改善が望めます。中でもβ-グルカンという食物繊維は、消化されず腸にダイレクトに届き、免疫力をアップさせる優れもの。

きのこは陰性パワーフードのため、陽性パワーフードと一緒に調理したり、強い陽性の調味料と一緒に食べたりするのがおすすめです。動物性タンパク質や脂質を多くとるときは、きのこも一緒に食べましょう。

もう1つ、開運につながる別の観点からも効果があります。腸内を掃除してくれるきのこは、長く悩んでいることがある方や、なかなかいいたいことがいえない、ついつい我慢してしまう人にもぴったりの食材なのです。

クサクサした嫌な気分も、きのこでリセット！　しかも自然のエネルギーをたっぷり含んでいるため、続けて取り入れることで、私たちの体にもパワーが貯蔵されていきます。いつの間にか、力があふれている自分に気づくでしょう。

さらに、菌＝金を表し、金運アップにも効果があります。

豆類

【中庸パワーフード】

陰 陽

火 土 水

中庸フードとして特におすすめしたいのが、豆類です。意外に思われるかもしれませんが実は食物繊維の宝庫で、キャベツ、レタスのような葉物野菜にも勝ります。豆に豊富に含まれる不溶性食物繊維という水を吸って膨らむ食物繊維が、腸の動きを活発にし、便を排出してくれるのです。

豆類の中でももっともよく食べられ、栄養豊富なのは大豆でしょう。

大豆は、古代中国では土壌改良のために利用されており、最初は食用ではありませんでした。大豆の根には、土のコンディションを整える優れた作用があるのです。のちに、食用としてそのまま食べられるようになったことはもちろん、アジア人には欠かせないある食品を生み出しました。

それは、味噌や醤油といった大豆の発酵食品です。

味噌や醤油は、紀元前8世紀、古代中国の「醬《ひしお》」が起源だといわれています。日本では弥生時代からつくられるようになったとされています。

日本や中国などのアジア圏では発酵食品が発達したのは、高温で湿気が多いため、菌とともに生きやすい環境だったからかもしれませんね。

ちなみに、「発酵食品は腸によい」と聞いたことがある方も多いでしょう。ただ、どんな発酵食品でも腸によいというわけではなく、やはり生まれ育った地の発酵食品を食べることで、より腸内細菌が活性化されるといいます（5章の「ドクターに聞く！　腸の疑問Q＆A」をご覧ください）。

腸開運の観点からいえば、豆類は灰汁《あく》が多いため、生食はせず、できるだけ火を通して食べるか、発酵食品の形でいただきましょう。豆乳は生食に近いため、たくさん飲むのはおすすめしません。

塩分のとりすぎには気をつけながら、毎日の食卓にお味噌をぜひ取り入れてみてください。もちろん、**基本はお味噌汁でＯＫ**です。昔の人がどこまで栄養について理解していたかはわかりませんが、自然の知恵として「味噌汁は元気になる」と毎日食べるようになったのは、偶然とは思えません。日本人にとって欠かせないパワーフードといっていいでしょう。そのほか、食物繊維が豊富な小豆や、暑い季節には体内の熱を発散する緑豆もおすすめです。

豆は、これから発芽するエネルギーに満ちた、万能パワーフード。つらいことがあったとき、地に足をつけたいとき、決断力をつけたい人には特におすすめです。

ナッツ類

【中庸パワーフード】

陰 陽

木 土 水

森の木の実であるナッツ類もまた中庸パワーフードです。悪玉コレステロールを減らす不飽和脂肪酸を豊富に含み、アンチエイジングに効果のある抗酸化作用もあるため、美容にも健康にもいいパワーフードなのです。

さらに、ナッツに含まれる不溶性食物繊維が腸のぜんどう運動を促すため、便秘にも効果的です。

私も、腸内環境を改善して免疫力を高めるために、子どものころからナッツ類はよく食べるようにいわれていました。

特におすすめなのはクルミです。不飽和脂肪酸のオメガ3脂肪酸や、抗酸化物質ポリフェノールが、ナッツ類でもっとも多く含まれます。

ところで、クルミの形は人の脳に似ていると思いませんか？　中国では昔から脳にいい食品として知られていますが、実際にクルミの栄養素には記憶力を高める効果があるのだそうです。

ちなみに、中国ではクルミの殻もよく売られているのですが、これも脳にいいものなのです。手で握ってクルクル動かすことで脳の働きが活性化し、認知症予防にも効果があるとして重宝されています。

意外にもナッツ類はカロリーが高いため、食べすぎないように5粒ぐらいを目安に、毎日継続して食べるのが理想的です。

チョコレートや砂糖、塩などをまぶしたナッツも売っていますが、できるだけ添加なしの、生や素焼きのナッツを食べることをおすすめします。集中力が低下しやすい、眠りが浅い、寝つきが悪い人にはぴったりの食材でもあります。

ナッツとは種子のこと。**種には、「始まりの力」や「生み出す力」が宿っています。自信がないとき、何かを始めたいとき、始めたことを成功させて軌道に乗せたいとき**に積極的に食べるようにするとよいでしょう。

ドライフルーツ

【陽性パワーフード】

陰

木 金 水

生のフルーツは基本的に陰性のものが多いため、そのまま食べると体を冷やします。

腸開運的にはNGですが、いともカンタンに解決する方法があります。

ずばり、ドライフルーツを食べればいいのです。

太陽の光を浴びて乾燥させたドライフルーツなら、陽性パワーフードに大変身済み。栄養豊富な皮ごと食べられますし、甘みも栄養もぎゅっと凝縮されています。最大の魅力は、腸にいい食物繊維が、水溶性・不溶性ともに含まれることと、生のフルーツよりも多くとれるところです。

おすすめのドライフルーツは、棗《なつめ》を乾燥させたものです。中国では小さいころから親しみのあるおやつでした。乾燥棗は「大棗《たいそう》」という漢方薬でもあり、貧血の改善や、血液をきれいにする作用があるとされています。また、棗に含まれるサポニンという栄養素は便通をよくします。苦手な方は大棗を煎《せん》じて飲むのもよいでしょう。ちなみにナツメヤシ（デーツ）と棗は違うものです。

最近私がはまっているのが「インカベリー」といって、食用ほおずきを乾燥させた、甘酸っぱいドライフルーツです。こちらも抗酸化作用はもちろん、整腸作用もあり、

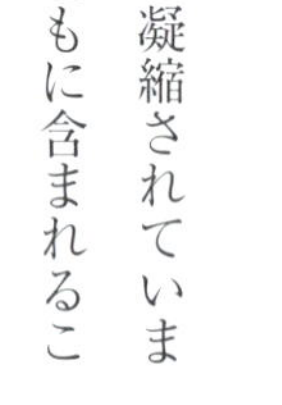

ミネラルも豊富です。食後に食べれば、消化を助けてくれますよ。

ドライフルーツを選ぶときは、砂糖づけや、着色されているものは避けて、オーガニックなものを選ぶようにしてください。

ベリー系は女性ホルモンにもいいといわれていますので、**女性性をアップしたい方、恋愛運や出会い運を高めたい方にも最適**です。

パクチー

【陰性パワーフード】

陽

木
火
土
金

日本でも大ブームになったパクチー、あなたは好きですか？　クセがあるので賛否両論ですが、私は好きすぎて自家栽培をしているほど！

タイやベトナムなどアジア各国で生食され、香菜《シャンツァイ》の名で中華料理にも欠かせないパクチーは、強い香りを持つセリ科の野菜です。葉だけではなく、種や根種も食べられています。

強い抗酸化作用を持ち、デトックス効果が高いため、腸内にたまった老廃物を排出する作用があります。だから、便秘気味の方にはパクチーがイチオシ。とりすぎると下してしまうこともあるので少量でも大丈夫です。

独特な香りが苦手な方も多いのですが、中国では「香りが強いものは解毒作用も強い」といわれています。実際に、古代ローマやエジプトでは薬草として長く使われてきました。

美肌やダイエット効果が期待できるため、それだけでも女性におすすめなのですが、実はパクチーのような扇型の食材は女性性をアップさせる効果もあります。そのせいか、男性はパクチー嫌いの方がなぜか多いのですよね。

ワケありの恋愛で悩んでいる方、想いを消化できないでいる方、腐れ縁が続いている方はぜひパクチーで解毒してしまいましょう。

大根

【陰性パワーフード】

陽

木
火
土
金

陰性パワーフードでも比較的中庸に近いのが大根です。火の魔法を加えてもいいですし、生のままでも、陽性パワーフードと組み合わせれば中庸になります。
例えば、お魚やお肉に大根おろしを添える、あのおなじみの組み合わせは、舌がさっぱりするだけではなく、開運にも効果があったのです。食物繊維やジアスターゼ、アミラーゼといった消化酵素が多く含まれるので、消化に時間がかかる動物性タンパク質との相性は抜群。胃腸の調子が悪いときにもおすすめです。

一方、陰性体質の人は、生ではたくさん食べないほうがいいでしょう。特に、陰性パワーフードと組み合わせないように注意してください。

大根は春になります。春になる食材は、アレルギーや季節の変わり目に起こる免疫力低下を抑制する役割があります。大根の葉っぱも栄養たっぷりなので、ぜひ余すことなく食べてみてください。

大根の白さや、切ると輪になるのは金運にも吉。**白は浄化を表しますし、心身のデトックス両面に万能なパワーフード**といっていいでしょう。雑念を浄化してくれること間違いなしです。

にんにく【陽性パワーフード】

陰

木
金
水

にんにくを食べると元気になる、ということはあなたも経験からご存じのことでしょう。

それもそのはず。にんにくは、**陽性の中でも、特に強い陽性の特質を持つ**パワーフードなのです。

食欲を誘ういい香りは、古今東西のさまざまな料理に用いられ、もちろん中華料理にも欠かせない食材の1つです。あのにおいの成分でもあるアリシンが胃液の分泌を促し、消化を助ける効果があります。特に、タンパク質との相性は抜群です。さらに、整腸作用もあるため、便秘や下痢の改善にも役立ちます。

なんといっても、スタミナ食として知られるにんにくは、疲労回復や、滋養強壮《じようきようそう》効果もバツグンです。元気が欲しいときや、風邪の予防におすすめです。体を温める作用も強く、陰性体質の方や、冷えが気になる方も取り入れてみてください。

古代から「邪気《じやき》を寄せ付けない」とされ、魔よけとして家の入口に吊るす風習もあります。実際、害虫や悪さをする動物が寄り付かないので、実用的な意味もあるようです。西洋ですと、ご存じのとおり吸血鬼が苦手とする食品でもありますね。

にんにくは、余計な不安や悩みを吹き飛ばし、行動するパワーを与えてくれます。ネガティブ思考で陰気に偏っているときには、にんにくパワーをチャージしてくださいね。

にんにくはつややかな白色をしており、これは五行で「金」を表しますから、金運アップに効果てきめんな食材でもあります。

サバ【陽性パワーフード】

陽
陰

木
火
土
金
水

その健康効果に近年熱い注目が集まっているサバ。実は開運効果も高い食材なんですよ。

サバにはＤＨＡ・ＥＰＡという不飽和脂肪酸が豊富に含まれています。サバに含まれる良質な脂をとることで、血流がよくなり、動脈硬化を予防したり、肌艶がよくなったりします。

また、腸内では潤滑油《じゅんかつゆ》の役割を果たし快便の助けになります。サバはまさに、健康維持のためにとても優秀なパワーフードなのです。さらに、ＤＨＡは脳を活性化するため、頭が働かないとき、集中力が上がらないときにもおすすめです。

発酵食品との相性が抜群によく、腸内環境を整える効果がさらに高まります。味噌、梅干し、キムチなどの発酵食品と一緒に調理して食べると、味も健康効果もばっちりです。臭みが苦手な方は、しょうが、みょうが、ネギ、大根などの薬味と一緒に食べるとよいでしょう。サバ缶でもＯＫです。

サバのような青魚は「光り物」といわれるように、金運アップに直結します。**サバの背には、独特の波のような模様がありますが、波は平穏を表す縁起模様ですし、そもそも中国では魚は龍のシンボルでもあります。**そのため、積極的に魚類をいただくと金運がよくなります。

良質なオイル類

【中庸パワーフード】

陽
陰

木
火
土
金

オイル自体は陰性のものですが、オイルのもととなる食品によっては陽性の性質を帯びます。例えば、ココナッツオイルの原料ココナッツは暑い国でできるので、比較的陽性に近いオイルです。

「オイルは太る」「体に悪い」が常識だったのは昔のこと。最近ではむしろ**悪玉コレステロールを下げたり、美容や病気予防効果があったりする**「スーパーオイル」が注目を集めています。

オリーブオイルのほか、えごま油、亜麻仁油《アマニゆ》、ココナッツオイルから抽出《ちゅうしゅつ》されたMCTオイルなど、さまざまな種類のオイルを目にするようになりました。

中でも、私が特におすすめなのが「**ブラックシードオイル**」です。ブラックシードは、ニゲラサティヴァという植物の種子で、別名ブラッククミンとも呼ばれます。100種以上の栄養成分が含まれ、古代から「死以外の万病に効く」とまでいわれたスーパーフードなのです。私自身も、ブラックシードオイルを取り入れて、悪玉コレステロールの数値を減らすことに成功しました。

オイルは種子が原料となっているものが多いため、ナッツと同様に、種の持つ「始まりの力」や「生み出す力」をいただくことができます。目標達成への推進力が欲しいとき、はじめてのことを行うときにおすすめです。

食べるだけではなく、皮膚《ひふ》に塗ってもよいオイルもあるため、体の内側と外側両方からパワーをもらいましょう。

卵

【陽性パワーフード】

陽

陰

木

火

土

金

水

体の中から運気を高めるのにおすすめの陽性パワーフードが、卵です。

卵に含まれるL-グルタミンは、腸内フローラの改善と活性化に効果的なため、免疫力アップに最適です。豊富なタンパク質やビタミン、鉄分が含まれるため、美肌効果や鉄分不足が気になる女性にもおすすめです。ビタミンCは含まれていませんので、野菜やフルーツと一緒に食べて補うとよいでしょう。1日1個の卵を意識してとるようにしたいですね。

黄身のオレンジ色は金運アップに効果があります。また、生命の源なので、**「生み出す力」と「育む力」が充満**しています。**起業したい人、成功したい人、今よりもっと成長したい人、新しい企画力や発想力を高めたい人にピッタリ**です。

才能開花は、後にお金を生み出すことにも直結しますからね。

海藻類【中庸パワーフード】

陽 陰

木 火 土 金 水

きのこが「妖精」なら、海藻は「海から生まれたヴィーナス」。腸美人には欠かせないパワーフードです。

ワカメ、昆布、のり、もずくといった海藻類は、ミネラルや食物繊維が豊富で、カロリーも低く、ダイエットの味方でもありますね。特有のネバネバは腸内環境を整えながらも余分な老廃物をデトックスしてくれる力があります。また脂質や糖質の吸収を抑制し、中性脂肪を軽減させるという研究結果も出ています。

私たちをつくる細胞は海から生まれたため、**海の恵みをいただくことは、「細胞レベル」で適しているのです。**

ネバネバ系の食材は「粘り強い」の象徴でもあります。熱しやすく冷めやすい、飽きっぽい自分に悩んでいる方や、最後までやり遂げたいことがある、という方はぜひ食べるようにしてみてください。

宮入菌

【中庸パワーフード】

陽
陰

木
火
土
金
水

食品ではなく、菌ではありますが、腸開運に欠かせない「宮入菌」をご紹介します。これは、酪酸菌のＭＩＹＡＩＲＩ株のことを指します。

腸内フローラを整える力があり、腸に素早く根づいて感染症などを引き起こす悪い菌を抑制する力を持ち、その力は抗生物質にも劣らないともいわれます。熱にも強く、増殖に酸素を必要とせず、環境が悪化しても生きられる耐久性の高さも特徴です。

幼児から老人まで幅広い層も安心して飲める整腸剤の1つでもあり、私も愛用しています。市販薬は「ミヤリサン」、処方薬は「ミヤBM」という商品名で販売されています。この菌は残念ながら食物からとれるものではありません。

腸への効果は抜群ですから、便秘はもちろん、下しやすい方、ヨーグルトを食べていても改善しにくいと感じる方には試してもらいたいです。薬剤師さんや医師に相談してみてください。

さらに、「私はちょっと忍耐力が足りないかも」という人にもおすすめ。どんなことにもくじけないで立ち向かっていくパワー、逆境に負けない力、持続性や忍耐力をもたらしてくれるでしょう。腸内の免疫アップは、運の免疫アップに直結するため、「開運菌」としても絶大な力を発揮します。

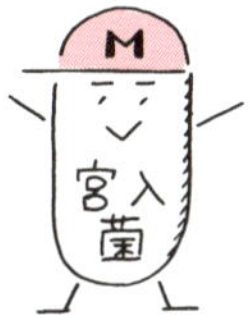

オリゴ糖

【中庸パワーフード】

陽

陰

木 火 土 金 水

「どうしても甘いものが食べたい！」

そう思う瞬間ってありますよね。そんなときは、白砂糖よりもオリゴ糖を摂取することをおすすめします。

オリゴ糖は善玉菌の餌ともなり、**腸内環境を整える糖**といえます。優しい甘さで水飴のようなテクスチャが特徴です。腸内のビフィズス菌と相性がいいので、プレーンのヨーグルトに合わせると腸によりよい効果をもたらします。

継続的に、小まめに摂取することで効果が出る食品という点も押さえておきましょう。コーヒーや紅茶、牛乳や豆乳などの飲み物に混ぜてもよいので、長く続けられる工夫をしてみてください。幼児から老人まで幅広く安全性が認められています。

ただ、多く摂取しすぎると、腸が活発になりすぎてしまうため、逆に下してしまうこともあります。毎日少しずつ、を心がけましょう。

オリゴ糖は血糖値を上がりにくくするという研究結果もあるため、糖質制限をしているけれど甘いものが欲しいときにも心強い味方になってくれるでしょう。

ダイエット中の方など、糖質を抑える努力をしている方もいらっしゃるでしょう。しかし、**糖の甘さは「幸福感」を生みます。**疲れがたまっているとき、集中力が欲しいとき、心にパワーが欲しいときには素直に頼るのも手です。あなたの心の免疫力もバックアップしてくれるでしょう。

薔薇

【中庸パワーフード】

陽
陰

木
火
土
金
水

薔薇《ばら》は、素晴らしい香りを持ち、見た目も美しいだけではなく、なんとパワーフードとしても優秀な効用を持っています。特に女性には嬉しい効果がいっぱいの中庸パワーフードです。

食用バラには、食物繊維、ビタミン類、エストロゲン、ポリフェノール、アントシアニンなどの栄養が豊富に含まれます。中国でも薬膳として活用されており、乾燥させて薔薇紅茶にしてとることで、滋養強壮や女性ホルモンのバランスを整えるのに役立てられています。

薔薇の食物繊維は消化を助けてくれるため、食後にとるのがおすすめです。ただ、食用薔薇はなかなか手に入りにくいため、そんなときは**ローズヒップティー**を取り入れてみてください。

古代エジプトの女王クレオパトラは薔薇風呂を好み、フランス王妃のマリーアントワネットもまた薔薇を愛していたことで知られています。特に、フランスには薔薇を使ったスイーツも多いためアントワネットも食べていたかもしれませんね。

女子力をアップしたい、婦人科系の持病を緩和させたい、女性としての自信を持ちたい、トラウマを解消したいという方におすすめです。

コラム

中国人はどうやって酵素をとっている？

酵素は主に、発酵食品や、生の果物、野菜などに含まれています。

ところで、中国人は生のものを食べないのに、どうやって酵素をとっていると思いますか？　実は中国茶や、お茶うけにしているナッツやドライフルーツからとっているのです。

意外かもしれませんが、中国茶は発酵食品です。お茶の発祥は紀元前２７００年ころの古代中国といわれています。

実は、緑茶もウーロン茶も紅茶も、実は葉っぱはみんな同じものってご存知でしたか？　この葉っぱは、学名が「カメリアシネンシス」というツバキ科の樹の葉です。

日本でもよく飲まれる緑茶は発酵なし、半発酵茶がウーロン茶、発酵茶が紅茶、後発酵茶がプーアル茶と大きく分けられます。中国茶にはさらに白茶、紅茶、黒茶、黄茶、緑茶と発酵の状態により種類があります。

中国では季節や気候、体調や気分によってその日淹れるお茶や、飲むお茶を変えるほど、お茶が生活に根づいています。

さらに、中国人がよく食べるタンパク質である、羊肉や豚肉からも酵素は補うことができるそうですよ。

第5章

ドクターに聞く！腸の疑問Q＆A

誰にも聞けない腸の疑問を解決しておこう

医学的な見地から腸開運を目指すには、いったいどのようなことをすれば効果的なのでしょうか。

この項目では、内科医で、消化器がご専門の渡辺由紀子先生に「腸疑問」をぶつけてみました。腸によい習慣、悪い習慣、腸のよい人の特徴とは？　さらに、最新技術の腸内細菌移植とはどのようなものなのでしょうか？

Q 腸によいといわれている食材でも、合わない人もいますか？

はい、体質により合わない人もいます。特に、バナナや大豆は腸によいとされていますが、アレルギーがある方もいるので注意してください。

ちなみに、便秘薬でも、便秘のタイプによっては飲むと逆効果になってしまうケースもあります。食品も、薬やサプリメントも、ご自身の体質に合わせて選ぶことが大切です。

Q 流行りのダイエットで腸によいもの、逆によくないものはありますか？

糖質を制限するためにご飯を極端にとらないのはよくありませんね。ご飯には糖質だけではなく、繊維質が含まれています。個人差もありますが、腸が太くて短い欧米人と違い、日本人は腸が長く、菜食に適した腸をしています。お肉を分解しやすい構造にはなっていません。

また断食は、腸を休ませるという点においては、意味があるといえます。

Q 腸内細菌には、遺伝が関係していますか？

遺伝は関係ありません。人を取り巻く環境が腸内環境をつくるといえるでしょう。

胎児の体内は無菌状態です。初めて腸内に棲《す》みつく細菌は、母親の産道の菌だったり、生まれた産院に多く存在する菌だったりします。

その後、腸に大きな影響を与えるのは、やはり食事です。生を受けてから口にした食事で、腸内環境のベースがつくられます。日々口にする食べ物で、腸内細菌叢《そう》（腸内フローラ）が完成されていきます。

Q 腸にいい食べ物や生活習慣はありますか？

まず食べ物でいいますと、発酵食品や食物繊維は腸にいいですね。ビタミンや抗酸化物質もとれますし、野菜は、できるだけ生と火の通ったものを食べてある程度の量をとれるようにするとよいでしょう。

食材でいえばオリゴ糖も腸にいいのですが、合わない方は無理してとる必要はありません。

また、現在の腸内環境をつくった食材、つまり生まれ育った地でとれる食材はやはり体に合うと思います。

ただし、なんでも取りすぎず、いろいろな食品をバランスよくいただくことが何より大切です。

また、ゆっくりよく噛んで、楽しく食事をすることも意識してください。


次に習慣です。

食事に気を使っている方は多いのですが、忘れてはならないのが運動です。

有酸素運動と無酸素運動を、短時間でもいいので毎日行いましょう。無酸素運動は、隙間時間のスクワットやプランクを取り入れてみましょう。もっともカンタンな有酸素運動は、歩くことです。「通勤時に階段を使う」「ひと駅歩く」などでも構いません。時間が取れるときはストレス発散もかねて、ジョギングなど長時間の運動も取り入れるといいですね。

また、十分な睡眠をとることも、もちろん大切です。

Q 胃腸や大腸などの内視鏡《ないしきょう》は定期的に受診したほうがいいですか？また、何歳ごろから行うとよいでしょうか？

まず、胃がん検診としては、バリウム検査よりも内視鏡検査を断然おすすめします。特にリスクが上がる40代以降は年1回受けたほうがいいでしょう。

一方、大腸内視鏡は体への負担が大きく、大腸がん検診の一次検診は便潜血《べんせんけつ》検査（検便）となっています。これも毎年受けることをおすすめします。

もし問題があれば二次検診として大腸内視鏡を受けてください。原因は痔《じ》の場合が多いのですが、内視鏡検査で自覚のない大腸がんが見つかることもあります。決して軽んじたり、忙しいからと先延ばしにしたりせず、便潜血で異常が見られたら大腸内視鏡まで受けてください。

Q 最近、腸内細菌を移植する技術が出ていますが、どう思いますか？

腸内フローラの研究は欧州で１８００年代から行われており、20世紀後半には日本も含めて本格的な研究が行われるようになりましたが、当時はまだまだ学会でも非常にマイナーな分野でした。

しかし、遺伝子研究技術の向上により、21世紀に入って非常に盛んになり、プロバイオティクス（乳酸菌など、人体によい影響を与える微生物）等の治療面での研究も多々されるようになりました。欧米では10年ほど前から糞便の移植も始められており、ある種の感染性腸炎には治療法として認められている国もあります。

日本では、数年前より、いくつかの大学病院で臨床研究が始まりましたが、まだ研究途上で、効果効能については定まった評価は出ていません。私費クリニックでは、高額で糞便移植を行うところも出てきていますが、今はまだ、食べ物や生活習慣で地道に腸内環境を変えたほうが確実だと私は思います。

Q 発酵食品は腸にいいといわれていますが、特におすすめなのはなんですか？

日本人であれば、日本古来の発酵食品であるぬか漬けがおすすめです。お米と味噌は、おすすめするまでもなく、日本人にとってとるのが当たり前の食品とお考えください。

ちなみに、ヨーグルトは動物性たんぱく質なので、欧米人には合うと思いますが、日本人には合わない人も多いでしょう。日本人の多くは、牛乳を分解できない乳糖不耐性ですから、効果が出づらいどころか、お腹をこわしてしまうこともあります。

Q 酵素ジュースは腸にいいですか？

はい。酵素ジュースは発酵食品ですから、漬物《つけもの》のような塩辛い食品が苦手な方はこういったものでとるのも手でしょう。甘酒と同じです。

ただ、どんな食品もそうですが、「これだけとっていればいい」というものはありません。とりすぎると糖分過多になりますし、盲信は禁物です。

ちなみに、私は甘酒を手づくりして飲んでいた時期があるのですが、1週間ほど続けたら肌が白く透き通ったと感じました。

Q 現代人の一番大きな問題はアレルギーだと思うのですが、腸内環境を整えることでアレルギーの軽減は望めますか？

望めます。アレルギーは免疫疾患であり、腸は最大の免疫器官ですから、腸を整えることで改善は見込めるでしょう。

日本人の多くの方が苦しんでいるスギ花粉症ですが、こちらはちょっとわけが違います。何しろ、抗原（スギ花粉）が多すぎますから、まずはこれを減らすことでしょう。とはいえ、腸内環境を強くして闘うことは無意味ではありません。私もスギ以外の花粉症があり、一時期は1年中薬を飲んでいました。しかし、生活改善で徐々に治し、かなり改善できました。

具体的には、マスクや洗眼、鼻うがい等で花粉を取り入れないようにしたり、ハーブティーを飲んだりしました。ハーブティーはネトルを中心に、花粉症用のミックスハーブティーなど市販のものを試して、美味しくて効き目がありそうなものを適宜《てきぎ》取り入れていましたね。さらに、入浴やはらまきで温活したり、発酵食品で美腸を目指したりもしました。

Q 腸を若返らせることはできますか？ そのためにしたほうがいいことはありますか？

肌と同じで、腸も老化しますので、若返らせるということは残念ながらできません。

ただ、いくつであっても、健康な腸に戻すことはできるんです。先にあげた腸にいい生活習慣を行うことと、運動で血流をよくすると、腸もきれいになりますよ。

Q 抗生物質は腸内細菌も殺してしまうそうですが、飲んでも大丈夫ですか？

確かに、病原菌以外も殺菌するのが抗生物質です。腸内細菌のバランスも一時的に崩れ、下痢することもあります。

ただ、それ以上に重視していただきたいのは、抗生物質でなければ治せない病気があり、その分は飲んでほしいということです。例えば、7日分処方された薬を、よくなったからといって3日でやめてしまってはいけません。必要だからその量を出しているので、飲み切ってください。腸内環境も、きちんと元に戻ります。

自己判断で、抗生物質を途中で止めてしまうことは、恐ろしい結果を招きます。日数分飲めば病原菌は死滅しますが、途中で止めてしまうと抗生物質に対する耐性がある菌が生まれることがあるのです。そうなると、病気が治りにくくなるばかりでなく、強くなった菌を世の中に広めてしまうことになるのです。

下痢が心配であれば、ミヤリサン等を一緒に処方してもらうとよいでしょう。

Q 善玉コレステロール、悪玉コレステロールは、腸内の善玉菌、悪玉菌との関連はありますか?

まったく関係ありません。一般に呼びならわされている名称が同じだけです。ちなみに、名前だけではなく、善・悪・普通と3種類ある点も似ていますね。

コレステロールには、善玉(HDL)、悪玉(LDL)、その他(悪玉とその他を合わせてnon-HDL cholesterol）があるように、腸内細菌にも善玉菌、悪玉菌以外にその他の菌（日和見菌《ひよりみきん》）がいます。腸内細菌の場合、日和見菌が一番多いです。

Q 現代人はさまざまなストレスにさらされていますが、おすすめのストレス解消法などありますか？

自然に触れることです。お金をかけてあれこれするより、海に行ったり森林浴をしたりするのが一番です。

Q 腸に不調を抱えている人に共通することはありますか？反対に、腸にトラブルがない人に共通することはありますか？

腸にトラブルがない方は、おそらく皆さんが思い描くような健康的な生活をしている方ですね。すなわち、規則正しい睡眠、食事、運動を取り入れた生活です。
腸に不調のある方はその逆のことをしている方はもちろんですが、精神的に弱いという共通点もあります。

腸が健康な方は、くよくよ悩まず笑い飛ばせたり、ストレス発散が上手だったりしますが、腸にトラブルを抱えた方は、ストレスを抱え、鬱々としている方が多いようです。ストレスがたまると下痢や腹痛といったお腹関係のトラブルが起きるという悪循環となってしまいます。

腸がいい方の生活習慣を真似することで、改善が期待できます。

Q 健康状態と運は関連すると思われますか？

非常勤勤務しているクリニックで「波動測定器」というものを使用しています。可視化できない波動を数値化しているのですが、やはり健康なときの波動と、そうではないときの波動は違うと感じます。

いい波動はいいものを引き寄せるといいますし、やはり健康なほうが運もよくなることが多いんじゃないかと思います。ドクターの中にも、縁起を担いだり厄除け、浄化を心がけたりする方は意外に多いんですよ。

コラム

腸開運に効く！　粗塩入りデトックス浴のすすめ

冷えは心身も運もコチコチに固めてしまいます。体を温め、運の免疫力アップに最適なお風呂の入り方をご紹介しましょう。

お風呂は、40度～42度ぐらいのお湯に10分～20分ほど浸かるのが理想的です。お風呂に粗塩《あらじお》を大さじ1杯混ぜると、湯冷めしにくくなるばかりではなく、心身のデトックス、邪気を払うのにも最適です。

お風呂上りには湯冷めしないように温かくして、ストレッチしたり、ふくらはぎを揉んだりすると血行もよくなります。特に陰性の体質、五行で「水」と「土」が該当する人は冷えやすいので注意が必要です。

お風呂上りには冷たいものを飲んだり、アイスクリームを食べたりしたくなる気持ちもわかりますが、それはぐっとこらえて。温かいココアを飲んだり、甘いものが欲しければ焼きりんごなんていかが？

第6章

最後の仕上げ！
ファッションと住居の
「ひと工夫」で
超開運がやってくる

衣服・ファッションで腸開運

腸開運もいよいよ総仕上げ。開運体質に変わるよう心の意識を変え、パワーフードを知ったあなたが最後に身につけるのは、「衣・食・住」のうち、残りの衣と住。つまりファッションと、住まいについてお伝えします。

「住まいはわかるけれど、衣服がなぜ開運と関係あるのだろう？」

そう思われますか？

私の風水は、あなたが環境から受ける気（これを「共存の気」と呼びます）と、あなたから他者に発する気（こちらは「共鳴の気」と呼んでいます）、この両方とも大切だと説いています。

息を吸い、吐くのと同じように、この「共存・共鳴」の気が滞りなく循環することで、あなたの運が勢いを増し「運勢」がよくなるのです。

他者から受ける気と
他者に発する気を循環させることで
「運勢」はよくなる

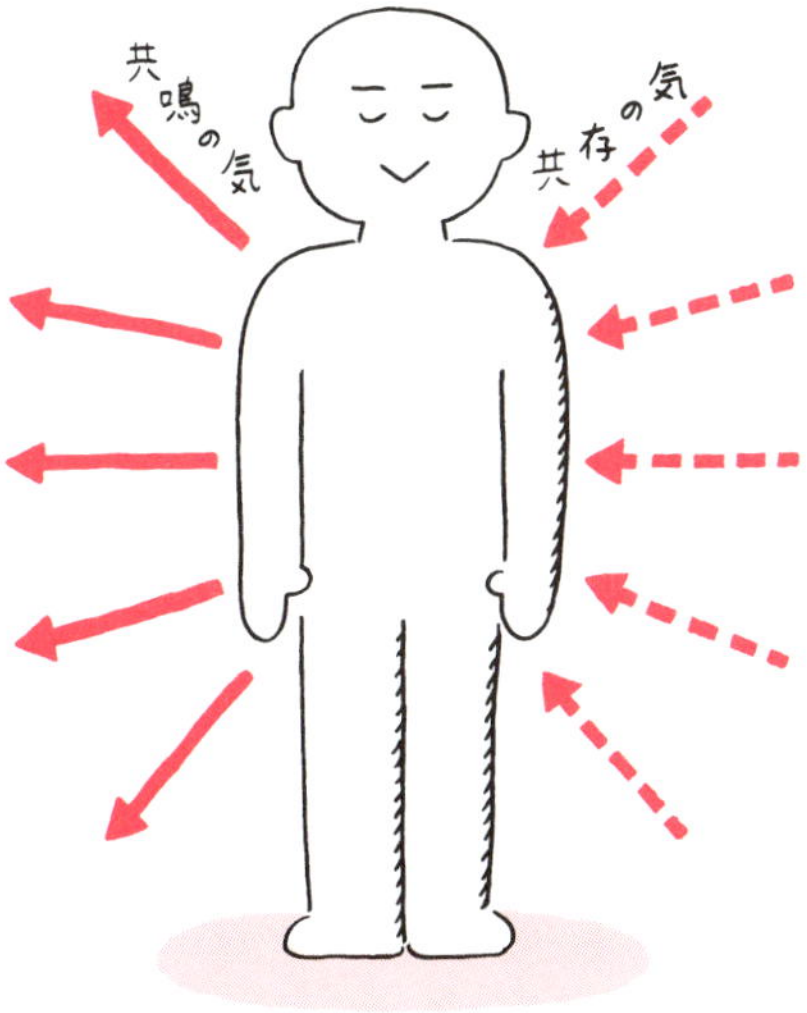

あなたが周囲に放つ「共鳴の気」とは、必ずしも気、オーラだけではありません。表情だったり、発する言葉だったり、さまざまです。ファッションもその1つ。あなたの服装から、まわりの人はたくさんの情報や感情を受けとります。

実は私、専門学校でファッションデザインを学んでいました。在学中に、着物から、テーラードジャケット、ドレスまで一通りつくったんですよ。ファッションを学ぼうと思ったのは、占いを学び始めたのと同じ理由です。それは、人の心に対する強い興味があったからです。

だってファッションは、人の心を映し出す最高のツールなのですから！

「衣服は肉体よりも肉体を象《かたど》っている」と私は思います。

悩んでいる人、疲れている人、体の調子が悪い人はおしゃれどころではありません。反対に、気持ちが晴れ、心身ともに元気になると、どんどんあか抜けていきます。おしゃれをするということは、自分を大切にすることにもつながります。

運は自分を大切にしている人が大好き。おしゃれに気を使う人が開運するのは当たり前なんですね。そんなあなたを見て、まわりの人もよい気を受け取るでしょう。

おしゃれをすることで気分が上がる、ということもありますよね。スーツを着たら気持ちがしゃきっとするなんてことも。これは、あなた自身が逆に服から影響を受けるということでもあります。そういう意味で、服は「共存の気」でもありますね。

これが服の面白いところなのですが、身に着けるものによっては、いい意味でも悪い意味でも「偽《いつわ》る」ことができます。

例えば、お金がないのに、ゴージャスなブランド物で全身を固めるとどうでしょう？

これが、「いつかはこのファッションに見合う自分になる」と、前向きに自分を「偽る」ならよいのですが、「人にお金持ちに見られたい」という気持ちなら……。そんな自分の内面を、「共鳴の気」としてまわりに放つことになりますから、それに見合った「偽物」が引き寄せられる恐れがあります。

服は、もっと直接的にも、あなたの体に影響を及ぼします。つまり、衣服の素材やデザインによっては、あなたの健康を害するということです。

例えば、18~19世紀のパリで使われた「パリ・グリーン」という明るい緑色の染料があるのですが、正体は猛毒のヒ素でした。この染料で染められた服は、着る人の命を奪う「死のドレス」だったのです。これは極端な例かもしれませんが、体のどこかを締め付けたり、体を冷やしたりと、あなたの身近にも危険な服はたくさんあります。

おしゃれのためなら我慢はつきもの、という考え方は、健康を損ない、運気までも低下させてしまう恐れがあります。

腸開運が目指すのは、「健康的で、運気も上げる」ファッションです。素材、色、デザインなどさまざまな観点から、腸開運ファッションを見ていきましょう。

赤い服、アイテムは生命力アップにつながる

赤という色に、どういうイメージがありますか?

明るい、血、エネルギッシュ、火、生命力にあふれる……といった表現が思い浮かぶのではないでしょうか？

赤はとても強い色です。青と黄色を混ぜると緑色、黄と赤を混ぜると橙《だいだい》になるなど、混色でつくれる色が多い中、赤はほかの色からつくり出すことができません。また、赤はさまざまなバリエーションを持つ色でもあります。朱色、フランボワーズレッド、ボルドーと、名前がついているものだけでも数限りなくあります。赤は赤だけで存在し、さまざまな派生を生み出せるほどの力を秘めているといえます。

元気がない、覇気が欲しい、勇気が欲しいときや、陰性体質の方は、赤の持つ「生命力」を取り入れましょう。

色彩心理学では、赤色が眼に入るだけでも活力がわくとしています。あなたが赤色を身に着ければ、ほかの人にも元気のおすそわけができますね。

ただし、多く使いすぎると攻撃的に見えてしまうため、**差し色として使うのをおすすめ**します。例えば、マフラー、バッグ、お財布、靴下、カーディガン、アクセサリー、メイクなど、全身に占める赤の割合が2割〜4割程度にするとバランスがいいでしょう。「赤を表に見せるのは恥ずかしい」という方は、ランジェリーやインナーとして取り入れてもグッドです。

冷えは開運の大敵

冷えは、「万病のもと」です。百害あって一利なし、血流も、運も滞らせてしまいます。「私は陽体質だから冷やしたほうがいい？」というのは大間違い。タイプに関係なく、冷えはすべての人の大敵です。

中華料理では体を温めることを重視していましたが、ファッションの観点からも体を温めることを心がけましょう。

冷えを防ぐには、特に「首」とつく部分を温めるようにしてください。

頭と胴体をつなぐ首だけではなく、人体にはいくつか「首」と名のつくところがあります。手と腕をつないでいる手首、足と脚をつないでいる足首、そして「くびれているところ」である腰も含めて考えてみてください。

寒い季節は、首はマフラーやストール、ハイネックでカバー、手首は長めのそででで覆いましょう。マフラーには「縁を結ぶ」という風水的な意味があります。恋愛運や結婚運をアップさせたい方にはさらにおすすめです。暖色系をチョイスし、黒や灰色は冷たく見えるので、好きでも避けましょう。


足首は、特に冷やしてはいけない「首」です。 冷えは足元から這い上がってきます。風水でも、邪気は地面や床にたまるとしています。夏でもスパッツやストッキング、靴下などでがっちりガードするよう心がけてくださいね。

腰回りは、腸や生殖器など大切な臓器が集まっている場所。エネルギーも体温も集中するところです。へそ出しファッションはもってのほか、お腹が出てしまうような短い上着もやめましょう。

「首」のほかにも冷えやすい部分として、肩と二の腕があります。女性の間でボートネックやオフショルダーといった肩だしデザインが人気のようですが、あまり賛成できません。デザインが台無し！　といわずに、できるだけカーディガンを羽織るなどして露出の時間を減らしてくださいね。

私が生まれたハルビンは氷点下10度～20度は当たり前なので比べるべくもありませんが、日本の冬も十分寒いです。冷えは血流が一番滞りやすい下半身を最初にむしばみます。下半身の保温アイテムのほか、デスクワークのお供にはひざ掛けも忘れずに。

冬は誰でも防寒しますが、夏こそ知らぬ間に冷えている恐ろしさがあります。外気が35度以上でも、どこへ行ってもエアコンで、電車やオフィスなど20度～25度になっている状況は要注意。夏こそ意識して保温するようにしてください。

はらまきは意外な腸開運アイテム

「お腹は冷やしてはいけない」

子どものころからそういわれて育った方も多いでしょう。人体にとって大切な器官が詰まったお腹を温めるのが大切だと、人は本能的に知っているのです。

お腹を温めることは、運の免疫力アップに直結する、腸開運行動です。

そこで、「はらまき」が腸開運の必須アイテムになります。最近は薄手でおしゃれなデザインのものも増えてきました。ぜひ、積極的に取り入れてくださいね。もし、赤いはらまきなんて見かけたら最高、即買いです！　赤の生命力まで取り入れることができて一石二鳥です。

また、女性の腹部には生命を宿す子宮もあります。婦人科系の不調でお悩みの方は、腹部と腰部にカイロを貼っても大げさではないくらいです。カイロが装着できるはらまきもありますので、Wで保温するのがおすすめです。

昼間は冷えに気を使っている方が多いのですが、**実は夜寝るときこそ、お腹は無防備になりがち**です。上下セパレートのパジャマだと、寝ているうちにお腹が露《あら》わになり、冷やされ続けることもあります。はらまきをプラスする、上のパジャマをワンピースタイプにするなど工夫をしてください。

お腹を締めつけると運気も滞る

体の中心であるお腹の重要性は、何度もお伝えしてきましたね。ファッションでいえば、お腹の血流循環を滞らせないよう、「お腹を締めつけないファッション」をおすすめします。

体のサイズぴったりのパンツやスカートで、さらに素材にストレッチ性がないと、立っているときはいいのですが、座るときには締めつけられることがあります。そのまま長時間座り続けると、血流やリンパが滞り、むくみの原因にもなります。スポーツやアウトドアで動くときにだけ伸縮性を重視する人は多いですが、実はデスクワークの人にこそ必要なのです。

血流を妨げないよう、ストレッチ性のある素材のものや、ウエスト部分がゴムで調節ができるものを選ぶとよいでしょう。女性であれば、くびれのないAラインワンピースがおすすめです。Aラインは太って見えて嫌という方は、胸下切り替えのものを選んだり、ウエスト切り替えでもウエスト部分に伸縮性があるもの、また、サイズに少し余裕があるものを選ぶとよいですね。

衣食住の「住」で腸開運

腸開運、最後の締めくくりは、「衣・食・住」の住、住まいについてのお話です。

「開運や風水といえば、住まいに関すること」

そんなふうにお考えの方もきっと多いでしょう。

家の間取りや、家の中のどこに何を置くかによって運がよくなったり、悪くなったりするというものです。日本では、風水の中で「陽宅風水」がよく知られているからですね。

ただ、もうおわかりのように、住環境にだけ気をつけていても開運にはつながりません。心の持ちよう、発する言葉、食べるもの、身に着けるもの、すべてが一体となって腸開運でしたね。

住環境はその中の1つ、とはいえ、やはり大切な1つです。多くの時間を過ごす自分の家が整っていないと、いくら体が整っていても開運は叶いませんから。

では、腸開運流・陽宅風水では、何が大事なのでしょうか。

それは、体の中心と同じように、家の中心を特に大切に考えることです。家の中心は、風水用語で「太極」または「龍穴」といいましたね。

ここが家全体の運を司っている場所といっても過言ではありません。体の中心とともに、お部屋の中心も整えることを目指しましょう。

家の中心「太極」を整える

体の中心と同じように、家の中心も大変重要な気の集まるスポットです。

五行にあてはめると家の中心は「土」となります。五行で土は、腸を意味することもお伝えしましたね。家の中心は、まさに腸開運風水の扇のかなめなのです。

でも、そもそも「お部屋の中心」はどうやって調べればよいでしょうか。

まず間取り図を用意してください。ない方はおおよそでいいので間取りを描き出してみましょう。バルコニーや庭などは含まずに、左上角から右下角に、右上角から左下角に線をそれぞれ引いてください。２本の線が重なったところが家の中心部分となります。

ここに何があるかをチェックしてみてください。

好ましいのは、太極には気を滞らせるものが何もないことです。すなわち、廊下などの通路、ドアなどの開閉部分、柱などにあたるなら問題はありません。しかし、トイレ、キッチンシンクやコンロや冷蔵庫、階段やクローゼットなどがある場合は、家の気がよどんでしまう恐れがあります。

部屋の「中心」にものがないようにすると、
気のめぐりがよくなる

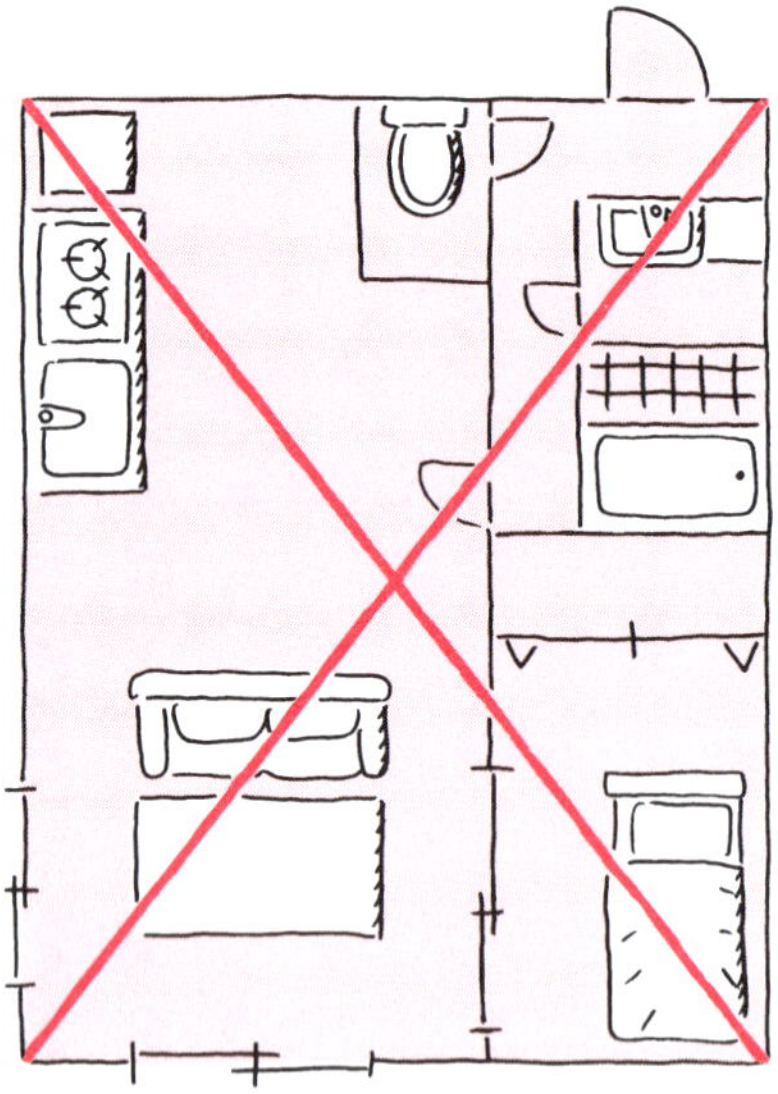

とはいえ、テーブルなどどうしても動かせないものが置いてある場合もあるでしょう。そんなときは、黄色か金色の折り紙を1センチ四方の正方形に切り取り、それを太極部分の天井や柱、壁の上のほうに両面テープなどで貼り付けます。これで、よどみを解消することができます。

後でお伝えしますが、黄色や金色は魔除《まよ》けとして強力なパワーを発揮しますし、五行の土の色でもあります。賜開運カラーとして活用してくださいね。

「北」のお部屋を整える

お部屋の中心が終わったら次は、家の中で一番寒いところを整えましょう。一番寒いのは、一般的には北にあるお部屋です。

地域や立地にもよりますが、北は日照時間が短く、陽が照るほかの方角に比べて、おおよそ1度~3度低温であることが多いですね。

北側のお部屋に、何があるかチェックしてみてください。日本の住居の設計でよくあるのが、南にリビングを置き、北に玄関という構造です。玄関が一番寒くてジメっとしていると運の免疫力ダウンにつながります。

でも大丈夫！　**温かみのある明かりでライトアップ**すればよいのです。

北にトイレやバスルームなどの「水場」がある場合は、暖色系のトイレタリーやバスグッズにすると、陽の気をプラスできます。

キッチンがあることは設計上大変珍しいのですが、キッチンマットやスリッパを暖色にするなど工夫をしてみましょう。

もっともタブーなのが、北の部屋に子ども部屋やリビングを設けることです。子どもは「活気をもって成長するもの」の象徴ですが、そのスピードを止めるのが「北」という方角。子どもの不登校や鬱《うつ》を招く恐れもあります。

逆に、もっとも適しているのが寝室です。北の部屋は一番静かで睡眠の質を高めます。

寝る部屋を整える

人生の実に3分の1を占める時間――それは、睡眠の時間です。

眠りは、心身の健康にダイレクトに影響を及ぼします。日本人の睡眠時間は、先進国で最短といわれています。

「眠っている時間がもったいない」なんていう方もいますが、開運のためには睡眠も起きている時間と同じくらい大切な時間と考えてほしいのです。この項目を読めば、きっとそう思っていただけるに違いありません。

睡眠は、単に1日の疲れを取るためだけのものではないってご存知でしたか？　眠っている間に、人の体にはさまざまな「プラスの変化」が起こっているんです。

例えば、体の細胞が生まれ変わったり、体内の水分量を調節したり、成長ホルモンが分泌されたり、記憶の整理が行われたり……。眠りと腸の関係についても、第2章でお伝えしましたね（P86）。

さらに、眠っている間は、**潜在意識**が働いています。

「起きている間ずっと考えていても答えがでなかったのに、ひと眠りしたら突然解決策が浮かんだ」なんて経験ありませんか？

それは、眠る前に出した「宿題」を、眠っている間に潜在意識が解いてくれるようなもの。アイデアが欲しければ眠るべきともいえるでしょう。

実は、睡眠は運とも深い関係があります。運の免疫力アップを妨げるストレスや「負の感情」は、深い睡眠で解消されるからです。

ぐっすり寝たら、あんなに悩んでいたことがどうでもよくなる、あの現象です。反対に、睡眠が足りなかったり、質が悪かったりすると、ストレスを翌日に持ち越してしまうことに……。質のよい睡眠により、消耗した「気」がチャージされます。

さて、睡眠がどれほど大事か、おわかりいただけたでしょうか。

前置きが長くなりましたが、その大切な睡眠の時間を過ごす寝室を整える方法をお伝えします。風水でも「人生に大きな影響を及ぼす」として特に大切に扱う場所です。

寝室には、電子機器を置くのをできるだけ避けましょう。置いてもせいぜい3つまでにしてください。

電子機器が発する電磁波が、睡眠の波長に影響を及ぼすと考えられますし、せっかく目覚めている潜在意識の活動を邪魔《じゃま》してしまいます。枕元にスマートフォンを置くのもやめましょう。

また、ベッドマットや枕といった寝具は、自分に合ったサイズ、固さ、自分に合う物を選び、常に清潔に保つよう心がけます。

ちなみに、日本で北枕は嫌われますね。死人が向く方位と考えられているからです。中国では、紀元前から北枕は最強吉方といわれています。北は南と比べて室温が低く、集中力が高まり意識のお掃除が促される方位です。

トイレやバスルームなどの水場は健康運と連動する

家の中で常にお水がたまっている場所といえば、どこでしょう。答えはトイレ、お風呂です。

　水は陰の気です。ずっと水がたまっている所には邪気がたまりやすいという特徴があります。さらに、トイレやお風呂は邪気がたまった下水につながっている場所、ということもあります。

　とはいえ、汚くて忌《い》み嫌われる場所というわけではありません。

　風水でいえば、部屋の中心を腸とするな

ら、トイレなどの水場は腎臓《じんぞう》にたとえられます。腎臓は、老廃物を浄化してくれる場所。浄化を司るところなので、きれいに保つべき「神聖な場所」と考えてほしいのです。また、下水から邪気があがらないように、便器の蓋《ふた》は閉めましょう。

バスルームもまた、お湯をためっぱなしにする方が多いかもしれません。湯船に水を張っておくのであれば、蓋をして湿気を抑制しましょう。お風呂に入らない時間は、換気をしっかりと行い、弱くてもよいので常に換気扇《かんきせん》を回しておきましょう。

土を住まいに取り入れよう

土は、五行で腸と連動すること、また金とも連動することをお伝えしましたね。土と腸開運は切っても切れない関係にあります。**土を生活に取り入れることで、不浄なものを浄化したり、大地のパワーをいただけたりといいことづくめ**です。

そもそも、私たちは土なしでは生きられません。**土で取れた作物を食べ、土の上で**

生き、最後は土に還ります。アスファルトの上で生活していると忘れがちですが、土とともに生き、生かされていることに感謝したいですね。

そこで、1日に一度でいいので、ぜひ、土に触れる時間をつくってみてほしいのです。特に、土から離れている高層階（5階以上）に住んでいる方は、積極的に土の力を住まいに取り入れてください。

取り入れやすいのが、ガーデニングと観葉植物です。ガーデニングはバルコニーや、お庭がないとなかなか難しいですが、観葉植物の設置はどのお宅でもすぐにできる腸開運法です。日当たりや水やりが不十分で

も育つ観葉植物や多肉植物なら、忙しい人でも取り入れやすいでしょう。

サボテンや棘《とげ》があるものは通常あまりおすすめしません。ただし、北東、北、北西などの「北」とつく方角には邪気がたまりやすいので、棘のある植物やお花を飾ることで、「化殺」といって邪気を棘で払ってくれます。

休みの日には、土の力をチャージしに、自然の中にでかけてください。

黄色や茶色のカラーや素材を取り入れよう

腸開運カラーとしておすすめなのが、五行の土の象徴色である「黄色」です。

黄色といってもいろいろな黄色があります。からし色、山吹色、茶色、アイボリーなど、バリエーションに富んでいます。黄色もまた、赤色と同じように色を混ぜてもつくり出せないカラーです。

北西や西の方角と、黄色は相性が抜群にいいので、その方向のお部屋にインテリアとして多めに取り入れるとよいですね。素材としては「木」や「土（陶器など）」でできたインテリアを多用することで、お部屋全体が自然の気であふれ、癒される空間となるでしょう。楽しみながら実践してみてくださいね。

黄色を身に着けるときは、赤色ほどではないもののやはり強い色ですので、全体の5割程度に抑えておくのがおすすめです。逆に、茶やアイボリーのような他色と混ざった黄色系のカラーであれば、どれだけ使っても大丈夫です。

第7章

プラスアルファを求めるなら腸開運神社仏閣へ

腸開運神社仏閣とは

「健全な精神は健全な肉体に宿る」という言葉があるように、心と体は常に連動しています。本書では体の中心にある「腸」をベースに運の免疫アップにつながる開運習慣をご紹介しましたが、「特別なおまけ」として運の免疫を底上げしてくれるご利益《りやく》巡りのご案内をおつけしましょう。

神社仏閣は今でも、自分とは何か、神とは何か、とさまざまなことを考えさせてくれる聖域です。「願望成就」つまり「願いを叶えてくれる場所」と認識している方も多いでしょう。

私たちの煩悩は尽くことを知りません。よく「神社で願い事をしてはいけない」といわれる方もいますが、**ゆうはん流腸開運神社仏閣参りでは「願い事をしてもいい」を推奨《すいしょう》しています。**そもそも「心願成就」「商売繁盛」「無病息災」とご祈禱があるのに、願い事をしてはいけないなんて、矛盾していますよね。

もちろん、ここまでご紹介してきた心の変え方、パワーフード、風水を実践していただくだけでも十分です。

でも、**神様のお力もお借りできれば、腸開運の効果は決定的になります。**

「体のパワースポット」である腸と、「地域のパワースポット」である神社仏閣を組み合わせる方法をぜひ知っておいてください。

神社仏閣の効果的なお参りの仕方

まずは、神社仏閣での効果的なお参りの仕方をゆうはん流にご紹介いたします。独自のやり方、宗派で決まっているなど事情がある方は、ご無理のない範囲で行ってみてくださいね。

❶お参りする神社仏閣を決めましょう

❷参拝前日にお風呂に小さじ3杯ほどの粗塩を入れて浸かりましょう

❸髪は不浄《ふじょう》のもの。できるだけ結ったり、まとめたりして行きましょう

❹鳥居《とりい》の前で一礼をしてから参りましょう

❺手水《ちょうず》で清め、神社仏閣の由緒《ゆいしょ》やご祭神を知りましょう

❻参拝手順がある場合はそれに沿うこと、一般的には本殿《ほんでん》、摂社《せっしゃ》、奥宮《おくみや》（あれば）、という流れが理想的です

❼祈るときは、住所、名前、誕生日をしっかりと心で伝えましょう

❽参拝後は御朱印《ごしゅいん》や神札や御守りなど、どんなものでもいいので1つ買って帰りましょう

❾帰りは鳥居や入り口前や門などで振り返り、「ありがとうございました」と一礼しましょう

❿帰り道でその土地の名物を食べたりすると尚よし。購入した物は袋にしまっておかず、然るべきところに飾るか、身につけるか、活用してあげるとよいでしょう

神域での心配りはもちろん大切な姿勢です。緊張のあまり「これでよかったのか、失礼ではなかったのか」とデリケートに気にされる方もいらっしゃると思いますが、それも考えもの。

神社仏閣参りは自分参りでもあります。自分自身が心地よければ、それが答えでもあるのです。何度もお伝えしているように、神様はあなたに宿っているものです。作法以上に大切なのは、どういう心と目的を持って参拝するかでもあります。

また、参拝後に体調を崩したり、思わしくないことがすぐに起きるようであれば、一般的によくいわれる好転反応の場合が多いのですが、そうでない場合もあります。後で考えてみればよかった、と転じればいいのですが、そうではないと感じるときは、その神社仏閣との相性が合わなかったと割り切りましょう。皆がいいといっても、万人に合うわけではありません。開運パワーフードと同じですね。

腸開運・神社仏閣マップ

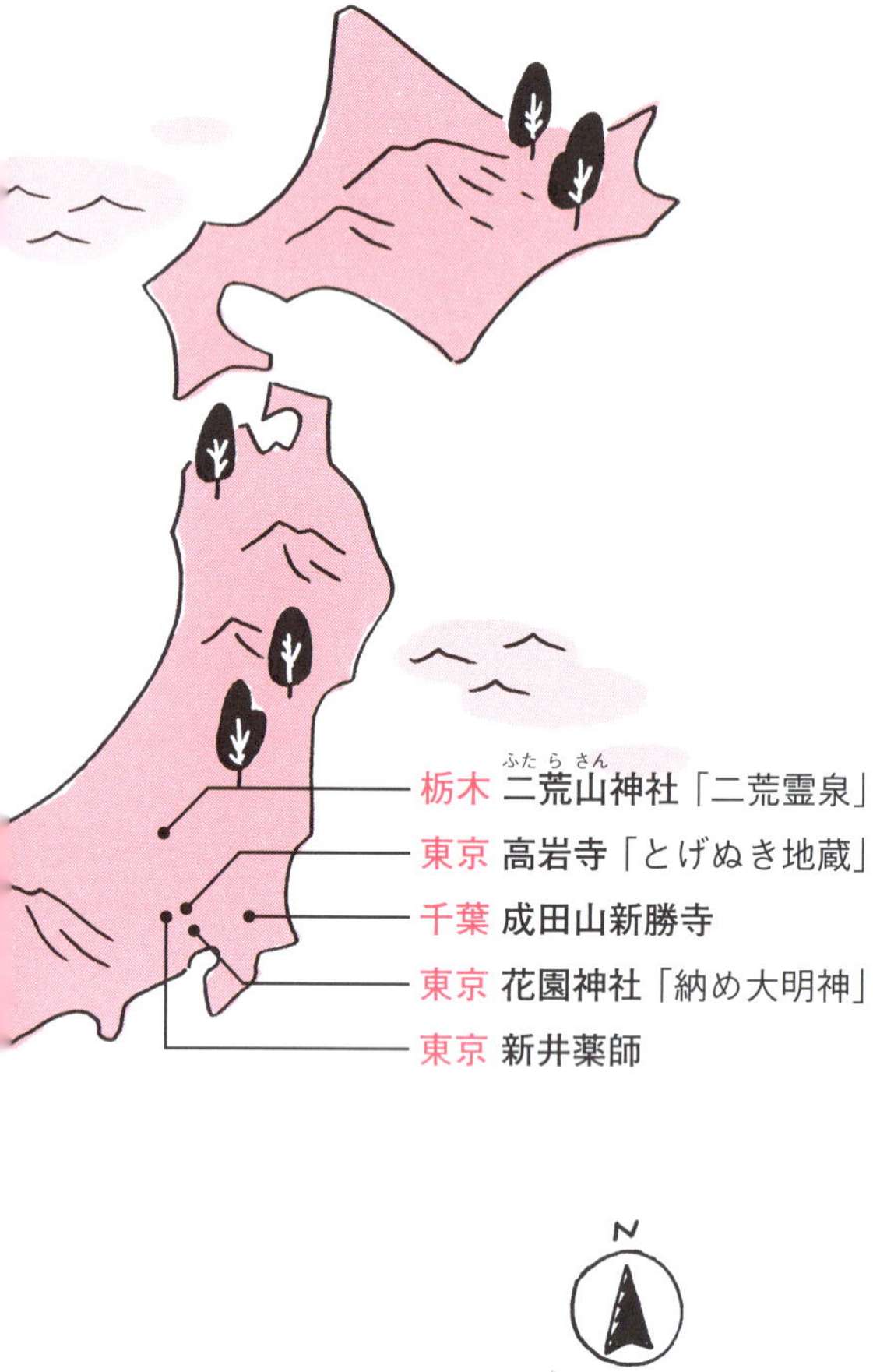
栃木 二荒山《ふたらさん》神社「二荒霊泉」
東京 高岩寺「とげぬき地蔵」
千葉 成田山新勝寺
東京 花園神社「納め大明神」
東京 新井薬師
N

健康長寿祈願などで有名な神社仏閣を日本地図に当てはめながら、ご紹介したいと思います。主に「無病息災」「健康祈願」「邪気祓《はら》い」が主軸となっているところを選ばせていただきました。参考に、ぜひ、ご利益参りに行かれるとよいでしょう。

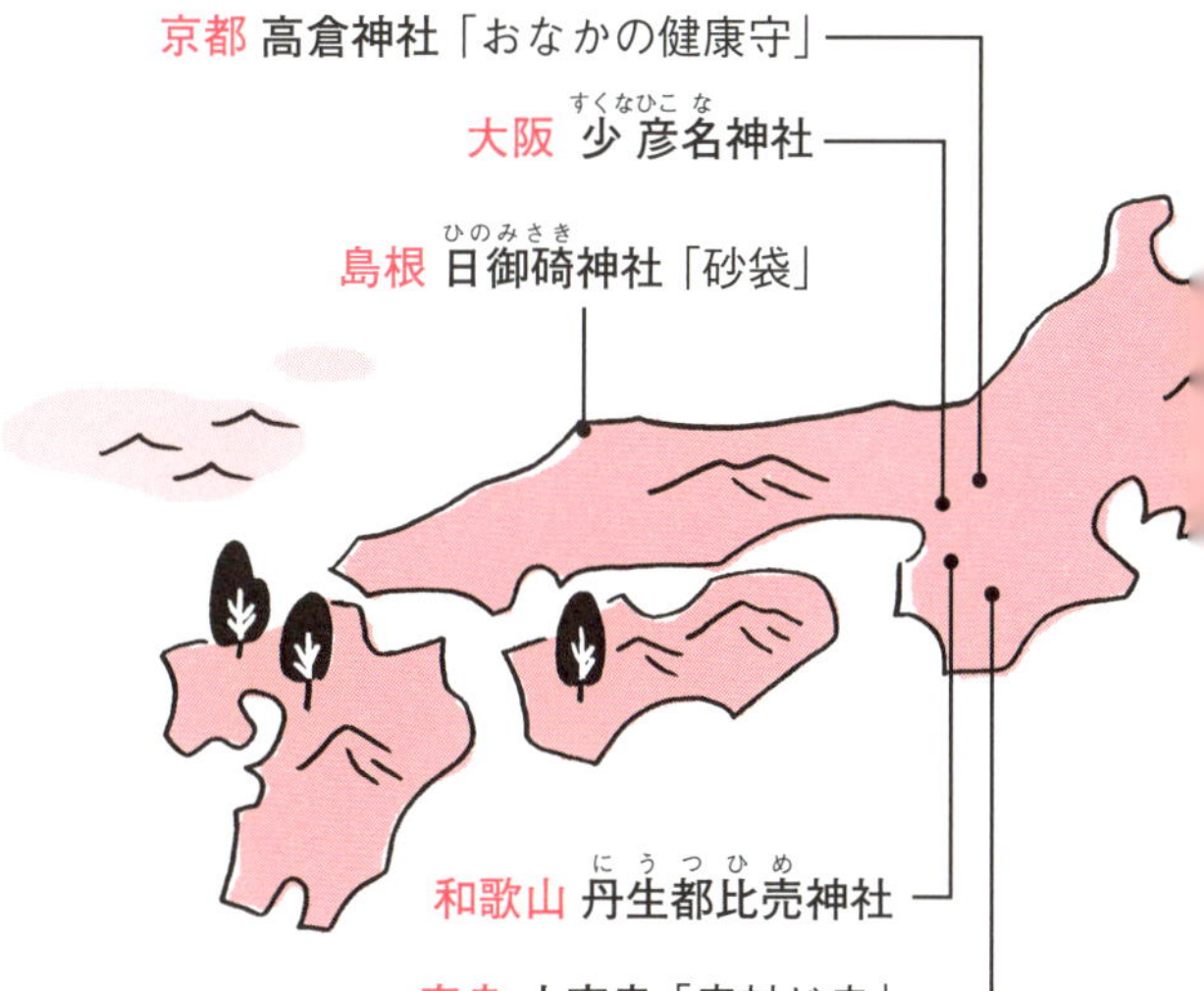

コラム

寿命も延びる？　まだまだ未知な腸の世界

腸の可能性は無限大です。これからも、腸にまつわる新説や、新技術が次々と生まれることでしょう。

腸内細菌の移植は一部ですでに始まっています。もし、これで腸内環境をコントロールできるようになれば、免疫力アップにとどまらず、さまざまなことに応用できるかもしれません。

例えば、人の情緒や性格は腸内環境で変わるという説があるので、腸内細菌を移植して、性格を変えることができるかもしれません。

腸内には、ヤセ菌、デブ菌が存在する、という説もあります。スリムな人の腸内細菌を移植するだけでカンタンにやせ体質に……なんて、夢のような楽々ダイエットもありえます。

将来、腸内フローラや腸内細菌を整える医療技術がもっと発達したら、２００歳近くまで生きることもできるかもしれません。免疫寿命を延ばせれば、おのずと肉体寿命も延びると考えられるからです。

歴史から考えても、寿命を延ばすことは夢物語ではありません。だって、30歳に満たず亡くなっていた古代から、「人生50年」といわれた時代を経て、今や平均寿命が80歳にまで延びたのですから。

科学技術の発展、そして一人ひとりが自分を大切にし「よく生きたい」と願うほど、人はよりよく長く生きられるようになるでしょう。

あとがき

私たちは何のために生まれてきたのでしょう。当たり前にある身体、トクトクと滞りなく生命をつなぐ鼓動《こどう》には、さまざまな奇跡の連続が積み重なっていることを感じてみてほしいのです。

宇宙がなかったら、地球がなかったら、生命が誕生していなかったら、男と女がいなかったら、両親がいなかったら……と想像してみてください。何か1つでも欠けていたら、私たちは生まれていないでしょう。

そして、たくさんの奇跡の積み重ねで生まれた身体にはたっぷりと「愛」がつまっています。

与えられた生命をどんな習慣で過ごすかで、その愛に気づかされて健康を意識することもあれば、逆に愛を粗末に台無しにしてしまうこともあるでしょう。身体に宿る

「愛」に気づくには身体から発される合図に敏感になることが大切です。そのためにはまず、身体にどんな機能があるかを知ること。本著では「腸」をテーマにしてきましたが、まさに私たちが「本当はどう思っているのか」を知るための大切な愛の源泉が「腸」には宿っているのです。

健康の情報も日々変化をしていくもので、「納豆」が身体にいいといわれればスーパーから納豆が消え、数日後「納豆」に効果はないといわれれば売れなくなってしまいます。どんなものでも確実な安全保証がないことを知っていただければなと思い、本書を書き上げました。

皆がいいといっても自分には合わないかもしれませんし、いいといわれて食べすぎれば過剰になって身体が拒否をすることだってあるように、常に私たちは「バランス」が求められているのです。これは、食だけでなく、対人関係にだって、お金にだって当てはめることができるものでしょう。

どんなものにも絶対はない。

まずこれを知ることで「ちょうどいい自分」を発見していけます。十人十色ですから、本書もあくまでも参考にされて、実験をしながら自分に合った腸開運法をしていかれるのもよいでしょう。

ただし、無理は禁物ですよ。実践していてストレスがたまるようであれば、それがどんなにいい開運法でも関係ありません。自分が「心地いいな」と思えることを継続していくことが大切です。

これからの時代は「ぬくもり」が大変重要になってくると私は捉えています。

情報化社会、手と手の温かさではなく、手と手、人と人の間に「デジタル」という情報網が介在し、想像力を削《そ》ぐだけでなく、ぬくもりを感じにくくなっていきます。

便利さ、手軽さの代償はもっとも大切な人と人との愛の欠如となるかもしれません。

やはりどちらもバランスが大切ですね。お腹を温めるだけでも、ほっこりするように、そんな社会だからこその腸開運法をぜひ楽しんでみてくださいね。

愛新覚羅ゆうはん

［参考文献］

『『恋とお金を引き寄せる姫風水』（扶桑社刊）
『恋とお金の神さまに教えてもらった魔法の赤風水』（主婦の友社刊）
『驚くほどお金を引き寄せる！　龍神風水』（日本文芸社刊）
『神さまとやるすごい運トレ』（日本文芸社刊）　＊以上、自著

『脳はバカ、腸はかしこい』藤田紘一郎（三五館刊）
『腸内革命』藤田紘一郎（海竜社刊）
『アレルギーの9割は腸で治る！』藤田紘一郎（大和書房刊）
『フィット・フォー・ライフ』ハーヴィー・ダイアモンド、マリリン・ダイアモンド（グスコー出版刊）
『オールカラー版基本としくみがよくわかる東洋医学の教科書』平馬直樹、浅川要、辰巳洋（ナツメ社刊）
『聖ヒルデガルトの医学と自然学』ヒルデガルト・フォン・ビンゲン（ビイング・ネット・プレス社刊）

腸開運

2019年3月16日　第1刷発行

著　　　者　愛新覚羅ゆうはん
発　行　者　土井尚道
発　行　所　株式会社 飛鳥新社
〒101-0003
東京都千代田区一ツ橋2-4-3 光文恒産ビル
☎03-3263-7770(営業)
☎03-3263-7773(編集)
http://www.asukashinsha.co.jp

監　　　修　渡辺由紀子
カバーイラスト　白根ゆたんぽ
本文イラスト　鈴木衣津子
ブックデザイン　轡田昭彦+坪井朋子
構　　　成　高比良育美
印刷・製本　中央精版印刷株式会社

ISBN　978-4-86410-675-7

編 集 担 当　矢島和郎